MARCO POLO

Harz

Reisen mit Insider Tipps

Diesen Führer schrieb Udo Pini.
Die Aktualisierung besorgte
Jürgen Korsch von seinem Wohnsitz
in Drübeck im Harz aus.

marcopolo.de

Die aktuellsten Insider-Tipps finden Sie unter
www.marcopolo.de, siehe auch Seite 100

MAIRS GEOGRAPHISCHER VERLAG

SYMBOLE

Insider Tipp **MARCO POLO INSIDER-TIPPS:**
Von unseren Autoren für Sie entdeckt

★ **MARCO POLO HIGHLIGHTS:**
Alles, was Sie im Harz kennen sollten

HIER HABEN SIE EINE SCHÖNE AUSSICHT

WO SIE JUNGE LEUTE TREFFEN

PREISKATEGORIEN

Hotels

€€€	über 100 Euro
€€	60–100 Euro
€	unter 60 Euro

Die Preise gelten für zwei Personen im Doppelzimmer mit Frühstück.

Restaurants

€€€	über 20 Euro
€€	10–20 Euro
€	unter 10 Euro

Die Preise gelten für ein Essen mit Vorspeise, Hauptgericht und Nachtisch ohne Getränk.

KARTEN

[106 A1] Seitenzahlen und Koordinaten für den Reiseatlas Harz

[0] außerhalb des Kartenausschnitts

Karten zu Goslar, Quedlinburg, Wernigerode und zum Brocken finden Sie im hinteren Umschlag.

Zu Ihrer Orientierung sind auch die Orte mit Koordinaten versehen, die nicht im Reiseatlas eingetragen sind.

GUT ZU WISSEN

INHALT

Die wichtigsten MARCO POLO Highlights

Sehenswürdigkeiten, Orte und Erlebnisse, die Sie nicht verpassen sollten

1 Schlittenhunderennen
Ein Spaß für Tierfreunde und Alaska-Fans am Jahresanfang: tolle Bilder mit Huskygespannen im Schneegestöber (Seite 24)

2 Walpurgisnacht
Am 30. April gehört der Harz den Hexen. Überall wird Walpurgis gefeiert, mit wilden Umzügen, Spektakel und Feuerwerk (Seite 24)

3 Burg Falkenstein
Hoch über dem Selketal gelegen, ist sie eine der schönsten und am besten erhaltenen Burgen des Harzes (Seite 30)

4 Halberstadt
Der gotische Dom gehört zu den schönsten Sakralbauten des Harzes. Zum Domschatz zählen Goldschalen und Wandteppiche (Seite 36)

5 Quedlinburg
Die Stiftskirche und ein Teil der Altstadt wurden von der Unesco zum Weltkulturerbe erklärt (Seite 39)

6 Bodetal
Diesen wilden Fluss und sein Tal inmitten hoher Felsen muss man zu Fuß entdecken (Seite 43)

7 Schloss Wernigerode
Das Schlossmuseum des »Neuschwanstein des Nordens« zeigt ein Wohnschloss des 19. Jhs. (Seite 44)

Die Hexen sind los – Walpurgis

Schlossberg Quedlinburg

Unverwüstlich: die Brockenbahn

8 Großer Knollen
Ausflugsziel im Südharz mit großartigem Blick über die Berge (Seite 50)

9 Kloster Walkenried
Hier spürt man Geschichte. Noch im Zerfall wirkt die Ruine mit ihrem gotischen Kreuzgang imposant (Seite 53)

10 Clausthal-Zellerfeld
Bergbaustadt mit größter Holzkirche Deutschlands. Wissenswertes zum Bergbau im Oberharzer Bergwerksmuseum (Seite 58, 59)

11 Brockengarten und Brockenuhr
Der höchste Berg des Harzes ist das Ziel vieler Wanderer. Bei schönem Wetter atemberaubende Sicht, dazu das Brockenhaus und alpine Pflanzen (Seite 69)

12 Harzquerbahn
Alte Dampflokomotiven fahren auf einem 132 km langen Streckennetz – beschaulich reisen bei 20–30 km/h, Blumen pflücken verboten (Seite 75)

13 Rübeland
Stalagmiten und Stalaktiten faszinieren in zwei Tropfsteinhöhlen (Seite 77)

14 Kyffhäuser-Denkmal
Großartige Aussicht vom Turm des Symbols der Einheit des ehemaligen Deutschen Reiches (Seite 80)

15 Stolberg
In der schönen Fachwerkstadt wurde der Bauernführer Thomas Müntzer geboren. Viele kleine Kneipen in den engen Gassen (Seite 82)

★ *Die Highlights sind in der Karte auf dem hinteren Umschlag eingetragen*

Entdecken Sie den Harz!

Das nördlichste deutsche Mittelgebirge – urige Natur und touristische Attraktionen

Der Harz erhebt sich unübersehbar aus der Norddeutschen Tiefebene, in der Mitte überragt alles beherrschend der Brocken die Höhen des Oberharzes im Westen und den deutlich flacheren Ostharz mit seinen ausgedehnten Hochebenen. 100 km ist er lang, 35 km breit. Dichter Wald bedeckt die Flanken der Harzberge, die überall steil aus dem Umland aufsteigen. Auf den Höhen wachten früher zahlreiche Burgen über den Zugang in das erzreiche Innere des Harzes. Die meisten sind zu Ruinen zerfallen, von manchen ist nur der Name geblieben, andere sind zu ansehnlichen Schlössern geworden. Den Bächen entgegen zu ihren Quellen führen die Wege und Straßen in den Harz hinein, in die Wälder mit hohen Fichten und schlanken Buchen. Die Täler sind meist tief eingeschnitten.

Der Harz wurde lange unter Wert gehandelt, hatte den altbackenen Geruch von Familienferien, Genesungswerk und Kurbetrieb, wovon viele Orte ihr Auskommen hatten. Mit der Wiedervereinigung änderte sich das Bild. Der Harz war

Einer der vielen Wasserfälle im Harz: der Radau-Wasserfall

Das Oberbergamt in Clausthal

plötzlich wieder im Herzen Deutschlands, die Harzer wurden selbstbewusster, stolz auf ihr ganzes Gebirge. Nationalparks wurden gegründet – 1990 im Osten, vier Jahre später auch im Westen. Das zog auch Naturliebhaber an. Wandern, Radfahren und Wintersport sind nur ein Teil des breiten Sportangebots. Fürs Klettern in der Halle und an richtigen Felsen, Drachenfliegen, Kanufahren und Mountainbiking, Langstreckenwandern und Pferdetrekking gibt es in vielen Orten Angebote zuhauf.

Der Harz ist Feriengebiet für das ganze Jahr. An schönen Sommerwochenenden kommen die Besucher zu Abertausenden, meist auf wenige Stellen konzentriert. Dabei könnten sie gar nicht weit von den beliebten Plätzen entfernt stundenlang durch die Natur streifen, ohne

Geschichtstabelle

Seit 400 000 v. Chr. Erste Siedlungsspuren im Harzvorland, ab der Jungsteinzeit (5000–2000) dicht besiedelt

Um 300 n. Chr. Beginn der Landnahme durch die germanischen Sachsen

Ende 8. Jh. Eroberung und Christianisierung des sächsischen Gebiets um den Harz, Gründung vieler Klöster

10.–11. Jh. Gebiet zwischen Harz, Braunschweig und Magdeburg ist kaiserliches Machtzentrum und Goslar ab 1015 Kaiserpfalz

936 Otto d. Große wird als erster Sachsenkönig Kaiser

968 Im Rammelsberg wird Silber entdeckt, Beginn des mittelalterlichen Harzbergbaus

1024 Mit dem Tod Heinrichs II. erlischt das ottonische Herrscherhaus. Goslar bleibt unter den nachfolgenden Saliern Kaiserpfalz

1195 Heinrich d. Löwe stirbt, Ende des Sachsenkönigreiches am Harz

1337–1525 Klöster, Reichsstädte und Harzgrafen liegen in ständigem Kampf um Gebietsansprüche

1517–1525 Reformation Martin Luthers und Bauernkrieg, zahlreiche Klöster werden zerstört und verlassen

15.–16. Jh. Die Landesherren siedeln Bergleute aus dem Erzgebirge in den Oberharzer Bergstädten an

1625–1631 Der Harz und seine Bergbaugebiete werden im 30-jährigen Krieg verwüstet, die reichen Städte am Harznordrand zum Teil zerstört

1777 Goethe besteigt den Brocken

16.–18. Jh. Höhepunkt der Erzförderung

19. Jh. Neue Technologien (Drahtseil, Fahrkunst und Sprengstoff) im Bergbau, Beginn des Fremdenverkehrs, ab 1843 Eisenbahnbau

ab 1900 Ende des Harzbergbaus

1943–45 Ausbau unterirdischer Stollen für Kriegsindustrien, für die vor allem Zwangsarbeiter und KZ-Häftlinge schuften

1945 Teilung Deutschlands in Besatzungszonen, grüne Grenze zwischen West und Ost

1961 Mauerbau. Der Brocken wird zum Sperrgebiet

1989 Mit dem Fall der DDR verschwindet die innerdeutsche Grenze

1999 Neugestaltung der Brockenkuppe

Weiße Pracht nicht nur im Winter: Blick auf Goslar im Frühling

einen Menschen zu treffen. Der Winter ist die zweite Hochsaison im Harz. Sonne, Schnee, Raureif und Eiszapfen schaffen dann Traumlandschaften.

Der Harz ist viel mehr als Bäume und Berge. Schon vor 200 und mehr Jahren zog es Reisende in den Harz, seit 150 Jahren gibt es Badeorte, Herbergen und Hotels, Reiseführer. Die Stätten der deutschen Kaiser des Mittelalters, Hexensagen, Walpurgisnacht und Blocksberg, die Dichter seit den Tagen von Goethe und Heine sowie die Malerei der Romantik haben den Harz zu einem der ersten großen Reiseziele der Deutschen gemacht. Bergwerke, mittelalterliche Burgen und Kirchen, die bunten Fachwerkstädte ziehen heute wie einst die Besucher in Bann. Die Altstädte von Goslar und Quedlinburg wurden in die Unesco-Liste als Weltkulturerbe aufgenommen. Und wer sich für romanische Kunst interessiert, muss nicht erst in die Provence reisen – im Harz gibt es allerorten eindrucksvolle Beispiele dieser Epoche.

»Buntes Fachwerk und Romanik wechseln sich ab«

Der Harz ist ein altes Gebirge. Das älteste Gestein ist der Eckergneis mit 560 Mio. Jahren. Vor 440–320 Mio. Jahren war die Harzregion Meer. Die Gebirgsbildung setzte vor 310–320 Mio. Jahren ein, als das Gebirge von Südosten nach Nordwesten als Scholle angehoben wurde, die an der Nordkante scharf abbrach. Während dieses Prozesses stiegen glühende Gesteinsmassen aus dem Erdinneren auf, was aber nur im Südharz zum Ausbruch von Vulkanen führte. Meist blieb die Magma unter dem Deckgebirge und erkaltete langsam. Dabei setzten sich in Gängen und Klüften Mineralien ab,

Ost und West

Ein paar Worte zum Tourismus hier wie dort

Der Harz wächst wieder zusammen. Zerteilte bis 1989 noch die innerdeutsche Grenze das Gebirge, so sind die einstigen Trennlinien heute kaum noch auszumachen, nur noch ein Grenzmuseum bei Sorge erinnert an die Mauer. Der Osten hat in den vergangenen Jahren mächtig aufgeholt, neue Hotels, Pensionen und Attraktionen sind entstanden. Die Preise zwischen Ost und West haben sich angeglichen. Zum Teil fehlt im Osten noch die auf Massentourismus eingestellte Infrastruktur, in den Orten geht es geruhsamer zu. Es gibt unendlich viele Pensionen, Ferienwohnungen und Privatquartiere. Fragen Sie die örtlichen Touristinformationen oder den Harzer Verkehrsverband. An Feiertagen kann manchmal dennoch alles ausgebucht sein.

Erzgänge bildeten sich, die in geringem Umfang möglicherweise schon seit der Bronzezeit, historisch belegt um 1000 mit der Entdeckung des Rammelsberger Silbers abgebaut wurden. Die letzte intensive Modellierung erfuhr der Harz in den Eiszeiten der letzten 2,4 Mio. Jahre, als die Hochflächen und flachen Kuppen unter dem Eis dicker Gletscher lagen, deren stetige Bewegung den Stein glatt schliff.

Der Harz blieb der große und menschenfeindliche Wald, der dem Gebirge seinen Namen gab: »Hart« ist das althochdeutsche Wort für Wald. Und auch die Mönche, die sonst nach den abgeschiedensten Orten für ihre Klöster suchten, mieden – mit Ausnahme von Zella bei Clausthal-Zellerfeld – das Harzinnere. Sie gründeten am Fuß der Berge, wo Landwirtschaft möglich war, in Goslar, Ilsenburg, am Michaelstein und in Walkenried große Klöster.

» Der Bergbau schuf Wohlstand für fast 1000 Jahre «

Reichtum und Glanz der Städte am Harzrand, und dort besonders im Norden, wuchsen, als der Raum zwischen Weser, Harz und Elbe unter Karl dem Großen Sprungbrett für die Erweiterung des Reiches nach Osten wurde. Der Beginn eines einheitlichen deutschen Reiches unter Otto I. fällt zeitlich – um 1000 – mit der Entdeckung des Harzbergbaus zusammen. Die Region wurde für fast 200 Jahre zum Herzen des Reiches und erlebte durch ihre zentrale Lage, durch Handel, Bergbau und die Fruchtbarkeit der Bördenlandschaft vor dem Nordrand eine weitere zwei bis drei Jahrhunderte währende Blütezeit.

Um 1450 begann die Erschließung und Besiedelung des Oberharzes. Die Landesherren riefen Bergleute aus dem Erzgebirge ins Oberharzer Revier, Bergwerke und Verhüttung standen in den sieben Bergstädten unter Landeshoheit.

Verglichen mit den Dörfern oder den Handwerkervorstädten waren die Bergstädte geräumig und adrett. Damals entstanden die vielen Teiche und Gräben, die für das Antriebswasser der bergbaulichen Einrichtungen sorgten.

Zwei Kriege setzten dem prosperierenden Landstrich und seinen Burgen und Städten besonders zu: Der Südharz war einer der Hauptschauplätze im Bauernkrieg. Viele Burgen und Klöster wurden zerstört. 1525 wurden die von Thomas Müntzer geführten Bauern bei Frankenhausen vernichtend geschlagen. Hundert Jahre später verwüstete der Dreißigjährige Krieg große Teile des Harzes.

In die Jahrzehnte vor und um 1800 fällt die Entdeckung des Harzes durch erste Touristen. Die Besteigung des Brocken, noch 1777 für Goethe ein Wagnis in der Wildnis, wurde schon bald zur Lustpartie. Um 1900 ist der Harz das meistbesuchte Feriengebiet in den deutschen Mittelgebirgen. Wernigerode, Blankenburg und an allererster Stelle Harzburg, wo der Kaiser zum Kuren weilte, waren hochnoble Ferienorte. Ganz anders im Harzinneren: In den Bergstädten des Oberharzes schlossen zwischen 1880 und 1910 die meisten Gruben. Bittere Not zwang viele Familien zur Auswanderung.

Nach dem Zweiten Weltkrieg und dem Fall der »Festung Harz« verlief seit 1945 die deutsch-deutsche Grenze mitten durch das Mittelgebirge. Heute lockt die wieder vereinte Region, Harz und Harzer kennen zu lernen. Gehen Sie wandern, fahren Sie Rad oder kommen Sie dem Schienenstrang der Harzbahn auf die Spur, genießen Sie die Badeseen, die ruhigen Dörfer und Kleinstädte – und nicht zuletzt die Gastfreundschaft der Harzbewohner, ihre Feste und das gute Essen. Entdecken Sie den Harz!

Vom Ilsestein blickt man weit ins Land – bis hin zum Brocken

Von Hexen und Höhlen

Was Sie über Land und Landschaft, über Menschen und Harzer Merkwürdigkeiten wissen sollten

Bergwerke
Silber, Eisenerze, Kupfer, Blei und Zink wurden seit dem 9. Jh. aus der Tiefe der Berge geholt, die Harzer Bergwerke besaßen die tiefsten Schächte in Europa. Seit 1990 stehen die letzten Gruben still. Die Anlagen wurden zu Bergbaumuseen und Schauschächten. Eine Broschüre über die insgesamt 21 Besucherbergwerke und Bergbaumuseen gibt es dort und bei den Fremdenverkehrsämtern.

Geologie
Goethe nannte das Gebiet zwischen dem nördlichen Harzrand bei Goslar und den Tälern von Oker und Innerste bei Altenau und Clausthal-Zellerfeld auf seiner Harzreise 1784 die »klassische Quadratmeile der Geologie«. Nur an wenigen Stellen Europas liegt so viel Erdgeschichte in solcher Vielfalt offen vor den Augen des Betrachters. Der Besuch von Bergwerken und das Sammeln seltener Mineralien gehörten zum Programm gebildeter Reisender, die sich im Harz vor 200 Jahren Aufschlüsse über den Ursprung der Erde erhofften. Geologische Lehrpfade gibt es u. a. bei Goslar, im Okertal, in und um Clausthal-Zellerfeld und St. Andreasberg sowie bei Wernigerode, Elbingerode und Wettelrode.

Die wohl berühmteste der Harzer Schmalspurbahnen: die Brockenbahn

Goethe
Seine beiden Harzreisen 1777 und 1783 waren dienstlich. Der erst 28 Jahre alte »Geheime Rat« und Minister für den weimarischen Bergbau suchte Deutschlands damals bedeutendstes Bergbaugebiet auf und erforschte den Harz weit über sein Fachinteresse hinaus. Er sah sich die Bergwerke in Clausthal-Zellerfeld an, studierte die Geologie im Okertal und am Rammelsberg. Am 10. Dezember 1777 bestieg er den Brocken. Dort sammelte er Eindrücke für die Darstellung der Walpurgisnacht im »Faust«.

Hexen
Sie fehlen an keiner Andenkenbude, zu Walpurgis reiten sie auf ihren Reiserbesen vor den Gästen durch den Kurpark. Der Hexe, heute meist nur noch ein nettes Andenkenpüppchen, wurde aus unterschiedlichen Quellen ein Umgang mit bösen Mächten nachgesagt: In Sagen und Mythen verbanden sich

germanische und uralte heidnische Götzendienste, Kulte und Gespensterängste. Die weisen Frauen des Mittelalters und ihr Wissen um Medizin, Kräuterkunde, Geburtshilfe und Abtreibung waren der Kirche als »magische« Praktiken verdächtig. Die Frauen wurden der Ketzerei (Abweichung von der geltenden Lehre), des Paktes mit dem Teufel und bösen Mächten bezichtigt – und darauf stand die Feuerstrafe. Es war ein Leichtes, sie zu denunzieren, sie bei bei Seuchen und Missernten zu Sündenböcken zu machen. Die Frauen wurden zu Tausenden verfolgt, gefoltert und verbrannt.

Höhlen

Die Karstgebiete des Dolomitkalks bei Rübeland und Elbingerode und der Gipskarst im Südharz sind reich an Felslöchern und Höhlen. Sie entstanden, als eingelagerte Kalk- und Gipsmassen bei erneuter Gebirgsfaltenbildung von unterirdischen Wasserläufen ausgespült wurden. Besonders spektakulär sind die Rübeländer Tropfsteinhöhlen. Die 600 000 Jahre alte Baumannshöhle dort ist die älteste Besucherhöhle in Deutschland.

Nationalpark

Wenige Tage vor der Wiedervereinigung schuf die letzte DDR-Regierung den Nationalpark Hochharz, der mit 81 km^2 das Brockengebiet, das Ilse- und Eckertal umfasst. Die Hochmoore und die Bergfichtenwälder an der Baumgrenze gehören zur Kernzone des Parks, in der keinerlei Nutzung stattfindet. 1994 wurde auf der niedersächsischen Seite der früheren innerdeutschen Grenze der 158 km^2 große Nationalpark Harz eingerichtet: Dazu gehören die obere Bergregion zwischen Torfhaus, Braunlage und St. Andreasberg, der Bergrücken des Ackers, das obere Siebertal und das Eckertal bis hinunter an den Harzrand. In Zukunft sollen die beiden Nationalparks zu einem vereinigt werden.

Im Park gelten strenge Regeln: Die Wege dürfen nicht verlassen werden. Es dürfen keinerlei Pflanzen mitgenommen werden, was auch für Arten gilt, die sonst nicht geschützt sind. Nationalpark-Ranger sorgen für Ordnung und beraten die Besucher.

Natur

Unterschiede in Klima, Sonneneinstrahlung, Bodenverhältnissen und Höhenstufen, die Wechsel der Landschaft von tief eingeschnittenen Tälern mit Felshängen zu lieblichen Wiesentälern, von steilen Bergkuppen zu sanften Hügeln und weiten Hochflächen haben höchst unterschiedliche Lebensräume für Tiere und Pflanzen geschaffen. In gleichem Maß hat der Mensch das Antlitz der Natur und Landschaft geprägt. Urwüchsige Natur gibt es eigentlich nur noch auf kleinen Restflächen, die für den Menschen nicht erreichbar und nutzbar waren. Dazu zählen die Hochmoore, einige Schluchtwälder, Felswände und wenige offene Flächen.

Landschaftsverwüstung hat es nur an wenigen Stellen gegeben wie den Kalk- und Gipssteinbrüchen im Südharz, wo aber die Zerstörung der Natur trotz besseren Wissens der Verantwortlichen und trotz Rohstoffalternativen weitergeht. Die meisten Wunden des Bergbaus sind inzwischen verheilt.

Die einstigen Ertragswälder sollen nicht nur im Nationalpark nach und nach wieder Natur werden, die nach ihren eigenen Gesetzen lebt. Forstliche Maßnahmen unterstützen in einer längeren Übergangsphase die Wiederverwilderung der Harzwälder: Die reinen Fichtenforste werden mit Buchen gemischt, abgestorbene Bäume bleiben als Brut- und Nahrungsbäume für Insekten stehen, bis sie umstürzen, vermorschen und Lebensraum für Moose, Pilze und Käferlarven werden.

Typisch und unübersehbar ist im Sommer das purpurne Leuchten von Fingerhut und Weidenröschen an den Waldrändern und in den Lichtungen der Oberharzer Fichtenwälder. Nur wenige Arten bilden die ganz besondere Flora der Moore: Torfmoos, Wollgras, Bärlapp und Sonnentau, der das magere Nährstoffangebot des Moores durch Fangen und Verdauen von Insekten aufbessert, gedeihen nur dort.

Raritäten wie Arnika, Feuerlilie und Orchideen wachsen in der bunten Blütenfülle der Bergwiesen, die in der Bergbauzeit um die Orte als Weideflächen für die Kühe und Ziegen der Bergleute, Holzfäller und Köhler dienten.

Die Harzer Tierwelt ist sehr viel artenreicher, als es Hirsche und Rehe an den bei Tieren und Zuschauern so beliebten Wildfütterungen erscheinen lassen. Vor dem Menschen verbergen sich Luchse, Wildkatzen, Eulen, Uhus, Auerhühner und Schwarzstörche. Raubvögel (Bussarde, Rotmilane, gelegentlich auch Habichte) kreisen über den Hügeln im Vorharz und im Unter-

Zu Beginn des Sommers leuchten die Lupinen auf den Höhenwiesen

harz. Dank der ebenfalls vielfältigen Blumenwelt gibt es viele Schmetterlingsarten und Singvögel.

Schmalspurbahnen

Nach dem Ende der DDR wurde den 132 km Schmalspurstrecken durch den Harz keine Chance mehr eingeräumt. Die Harzquerbahn von Wernigerode nach Nordhausen, die Selketalbahn und die Verbindungsstrecken zwischen ihnen sollten stillgelegt werden. Nur die Brockenbahn sollte als touristische Bergbahn mit modernen Dieseltriebwagen überleben. Doch der Einsatz der Interessengemeinschaft Schmalspurbahn und die wohl richtige Nase von Lokal- und Landespolitikern im Ostharz hat die Bahn, die noch 1972 zum technischen Kulturdenkmal erklärt worden war, vor der unmittelbaren »Abwicklung« und dem Verkauf an wenig solide Glücksritter im ersten Einigungswirbel gerettet. Die Bahnen sind heute als GmbH im Besitz der Landkreise und Gemeinden, auf deren Gebiet die Schienen der Harzer Schmalspurbahnen verlaufen.

Eine Fahrt mit den von schnaufenden und rauchenden Dampfloks gezogenen Schmalspurbahnen zählt zum Muss eines jeden Harzurlaubs. Wer auf den Brocken will, ohne zu laufen, für den bleibt ohnehin nur die Bahn als Alternative. Wer gemütlich ohne Drängelei Bahn fahren und dabei die Harzlandschaft betrachten will, wählt besser eine Tour durch das Selketal oder die Harzquerbahn von Wernigerode nach Nordhausen. Es gibt auch preiswerte Kombitickets für mehrere Strecken/Tage *(www.hsb-wr.de)*. Weniger bekannt, aber dennoch eine richtige Gebirgsbahn mit einigen aufregenden Brücken ist die normalspurige, elektrisch betriebene Rübeland-Bahn der DB von Blankenburg nach Elbingerode.

Wald

Schon der erste Bergbau im Mittelalter hat die ursprünglichen Urwälder bis tief ins Gebirge hinein gelichtet. Der Bedarf an Holz war riesig. Brennholz und Holzkohle dienten zum Ausschmelzen der Erze, wobei der Wirkungsgrad der eingesetzten Energie gering war. Hinzu kam später der Holzbedarf für technische Bauten, für Wohnhäuser der Bergarbeiter, für deren Heizung, fürs Kochen, Bierbrauen und Brotbacken. Nach 200 intensiven Bergbaujahren war um 1700 der Oberharz weitgehend kahl. An die Stelle des ursprünglichen Laubwaldes aus Buchen, Bergahorn, Eschen, Birken und Ebereschen in den unteren und mittleren Lagen traten Aufforstungen mit schnell wachsenden Fichten, die bis heute das Bild des Harzes bestimmen.

Der Harz soll ein Waldgebirge bleiben. Die verantwortlichen Forstleute in den Nutzwäldern und in den Nationalparks sehen heute ihre Aufgabe darin, der Natur beim Aufbau zum natürlichen Mischwald zu helfen. Die so genannten »Harztannen« sind Fichten. Für Weißtannen, die zum Beispiel für den Südschwarzwald charkakteristisch sind, ist das Klima zu rau.

Walpurgisnacht

Die Feiern in der Nacht zum 1. Mai haben ihre Wurzeln in den uralten heidnischen Bräuchen der Germanen. Sie feierten die Hochzeit Wotans mit Freia, der Maienkönigin. Dabei handelte es sich um ein Opferfest, das an bestimmten heiligen Stätten wie Berggipfeln begangen wurde. Der Brocken zählte dazu: Der riesenhafte Berg, dessen Haupt so oft in dichten Wolken verborgen ist, war den Menschen früher unheimlich. Der Weg dorthin führte durch dunkle Wälder, vorbei an Klippen, deren Gestalt die Phantasie anregte. Vermischt mit Aberglauben entstanden so die Sagen von den Hexen, die in der Nacht des 30. April auf den Brocken flogen, wo sie dem obersten Teufel Urian ihre Aufwartung machten. Nach seiner Teufelsansprache tanzten sie mit obszönen Gebärden den Schnee weg und machten so dem Frühling und seiner Fruchtbarkeit Platz. Die Besen waren als Fluginstrument nicht immer dabei, aber da sie beim Auskehren des Winters gebraucht wurden, wurden sie zum hervorstechendsten Attribut der Hexen. Beim ersten Hahnenschrei endete das Fest.

Wasser

Der Harz ist sehr regenreich, besonders westlich vom Brocken, auf dem mit 1800 mm Niederschlag im Jahr ein Rekordwert für Mitteleuropa erreicht wird. Weiter östlich liegen im Regenschatten des Oberharzes und des Brockens vergleichsweise trockene und warme Landstriche. Seit dem Mittelalter wurden Gräben und Teiche angelegt, um für die Wasserräder in den Pochwerken und Gruben das ganze Jahr über ausreichend Wasser zu haben. Das größte Teichsystem sind die 60 Teiche auf der Clausthaler Hochebene, und bis im 20. Jh. moderne Talsperren gebaut wurden, war der Oderteich der größte künstliche See im Harz. Heute sind fast alle großen Harzbäche durch Talsperren aufgestaut. Sie gewährleisten Hochwasserschutz für das Harzvorland, Energiegewinnung und Trinkwasserversorgung bis nach Bremen und Halle.

Nur ein Schauplatz der Walpurgisnacht: die Naturfelsbühne in Bad Grund

Wurstvariationen, Kräuter und Forellen

Die neue Harzer Küche verfeinert Deftiges

Die Forellen kommen aus den klaren Harzbächen, aus den Wäldern Reh, Hirsch und Wildschwein, Pilze und Heidelbeeren. Viele Harzer Köche verwenden diese Zutaten aus der unmittelbaren Umgebung und haben eine neue Küchentradition intensiver Geschmacks- und Duftnoten und kräftiger Farben geschaffen.

Auch »gutbürgerlich« kann verteufelt gut schmecken, wenn ein Koch mit Phantasie die schlichte Küche der Bergleute, der Fuhrleute und Ackerbürger durchforscht.

An den Festtagen holten die einfachen Leute Würste und Speck aus dem Rauch. Die Harzer Schmorwurst besteht aus fein gehacktem Schweinefleisch, das mit Speck und Kümmel abgeschmeckt, gebrüht und dann geräuchert wird. Sie und die fettere Brägenwurst sind die klassische Begleitung zum Braunkohl, wie die Harzer den Grünkohl nennen. Rot- und Leberwurst werden mit Pfeffer, Thymian und Majoran abgeschmeckt. Vom südlichen Harzrand und aus dem Eichsfeld, wo das Leben immer schon üppiger war, kommen feine harte Schweinemettwürste, die luftgetrockneten Eichsfelder Feldkieker und Stracken, die wie Landschinken und Speck hauchdünn aufgeschnitten sein wollen, um ihr volles Aroma zu entfalten.

Reisende Zimmerleute rasten auf dem Schlossberg von Quedlinburg

Im Südharz und im Kyffhäuser weiden große Schafherden auf kräuterreichen Wiesen, deren Aroma den Lämmern Wohlgeschmack verleiht. Hammel wird traditionell mit viel Zwiebeln und Kümmel geschmort.

Gemüse und Kräuter gehörten immer zur Alltagskost. Wildkräuter wie Bärlauch (Ramseln), Brennnesseln, Löwenzahn, Taubenkropf, Sauerampfer und Bärwurz tauchen wieder in den Küchen auf. Gemüse kommt aus den fruchtbaren Niederungen am Harznordrand, Pilze aus den Wäldern. Kartoffeln gehören schon lange dazu. An der Alten Poststraße zwischen Braunlage und Tanne erinnert ein Gedenkstein an den Oberjägermeister Georg von Langen, der 1748 den Kartoffelanbau im Harz einführte.

Wenig bekannt auch bei den meisten Harzern sind die guten Früchte vom Harzrand: Kirschen aus Timmenrode bei Blankenburg, Aprikosen vom Kyffhäuser, Apfelsaft aus dem Südharz und vom Kyffhäuser bekommen Sie nur vor Ort.

Harzer Spezialitäten

Lassen Sie sich diese Köstlichkeiten gut schmecken!

Braunkohl mit Brägenwurst – Grünkohl (Braunkohl) wird mit Bauchfleisch vom Schwein gegart. Dazu gibt es Brägenwurst (Wurst aus Hirn) und Salz- oder Bratkartoffeln

Hackus und Knieste – frische Kartoffeln (Knieste), halbiert und auf gefettetem Backblech knusprig gebacken. Dazu gibt es Gehacktes (Hackus) mit Zwiebeln, Pfeffer, Salz und Rosmarin gewürzt

Halberstädter Würstchen – passend für die kleine Mahlzeit in der Ferienwohnung. Die echten Halberstädter aus der Dose (neuerdings auch aus dem Glas) sind seit über 100 Jahren ein Erfolgsrezept

Harzer Bachforelle – frischer Fisch aus der regionalen Zucht wird gedünstet oder gebraten. Dazu gibt es Salzkartoffeln und grünen Salat

Harzer Pflaumenmus – Pflaumen, Walnüsse, Holunderbeeren, Zucker und Zimtstangen werden gut durchgekocht, in Gläser gefüllt und dann zum Frühstücksbrötchen serviert

Heidelbeeren – angerichtet mit Hefeklößen oder auch als Heidelbeersuppe mit Mehl- oder Grießklößchen

Pilzgerichte – Pfifferlinge, Hallimasch, Steinpilze, Maronen u. a. wachsen reichlich in den Harzwäldern, vor allem im Spätsommer und Herbst. Die örtliche Gastronomie nutzt die Angebote der Pilzsammler zum Verfeinern der eigenen Küche

Schiebensuppe – eine Spezialität der armen Leute (Köhleressen). Eine fettige Brühe mit Hackus, klein geschnittenen Zwiebeln und regionalen Kräutern

Schlachteplatte – würzige Rot- und Leberwurst, Hackus und Sülze vom frisch geschlachteten Hausschwein. Dazu gehört immer ein Harzer Kräuterlikör

Schwetschenkauken – ein Pflaumenkuchen, bestehend aus Hefeteig und Pflaumen mit Sulf (Vanillepudding), Zucker oder Streusel. Gibt es auch mit Heidelbeeren. Ebenso beliebt ist der ähnliche Schmandkuchen

Wildspezialitäten – Gulasch vom Wildschwein, Hirschbraten mit Preiselbeeren und andere Wildgerichte sind angesagt in guter Harzer Küche. Frisches Fleisch liefern ansässige Jäger

Altes Gasthausschild in der Fachwerkstadt Quedlinburg

Das Lieblingsgetränk der Harzer war und ist das Bier. Für Nachschub sorgt vor allem die Hasseröder Brauerei in Wernigerode. Am Rand der Harzstadt ist in den vergangenen Jahren ein komplett neues, hochmodernes Brauhaus errichtet worden. Über zwei Millionen Hektoliter des Gerstensaftes werden hier jährlich hergestellt und bundesweit verkauft. In Altenau existiert noch eine kleinere Brauerei, die speziell für den regionalen Markt produziert. Von den früher zahlreich vorhandenen Ortsbrauereien sind jedoch nur wenige geblieben, die Spezialbiere brauen wie die obergärige Gose, Broyhan oder naturtrübes Bockbier. Das alkoholfreie Clausthaler gehört übrigens nicht dazu, es wird in Frankfurt abgefüllt. Ein Tipp für Bierfreunde ist die Museumsbrauerei in Wippra: Dort kann man sich ansehen, wie früher in den kleinen Brauereien gearbeitet wurde.

Gegen den Trend hat sich in Westerhausen bei Quedlinburg das Harzer Weingut Kirmann durchgesetzt. Das nördlichste deutsche Weingut keltert jährlich rund 10 000 Flaschen.

Im 19. Jh. haben Apotheker in den Bergnestern mit allerlei Kräutern experimentiert und eine Reihe erfolgreicher Kräuterliköre erfunden. Am bekanntesten wurde der »Schierker Feuerstein«. Auch im Harzvorland brennt und trinkt man Korn. Die »Lütjen Lagen« und »Stein-Pils-Kuren« (Korn, Steinhäger, Bier) strecken auch Einheimische nieder.

Für den kleinen Imbiss stehen vielerorts Buden bereit, wo die Thüringer noch auf echter Glut brutzelt. Im Osten treffen Sie am Straßenrand auf Erbsensuppenkanonen der einstigen Nationalen Volksarmee, die jetzt erfolgreich in Privathand sind.

Oder machen Sie ein Picknick! Sie haben die Wahl zwischen lauter schönen Plätzen, Sonne und Schatten, dazu ein Bach, in dem die Füße und das Bier kühlen.

Brockentaler und Schnapsfeuer

Immer mehr lokale Kunsthandwerker bieten schöne Handarbeiten jenseits der Hexenpüppchen

Die Kioske quellen über vom Andenkenallerlei aus Kitsch, Plastik und schlechtem Geschmack. Selbst die massenhaft herumbaumelnden Hexen kommen, man sieht es, zum Teil aus Taiwan. Es gibt aber auch einheimische Hexen ohne Plastikanteil. In den Oberharzer Bergstädten arbeiten Holzschnitzer und werden wieder Spitzen geklöppelt.

Schön, aber seltener sind die Hammer- und Schlägelembleme der Bergleute, alte Grubenlampen oder ihre glanzvollen neuen Imitationen, die Miniatur-»Grubenhunde« (Loren), die feierlichen Knappenzüge aus Zinnfiguren.

Manche Bergwerkmuseumsshops und besser sortierte Andenkenläden bieten »Harzer Mineralien« an. Die meisten Stücke kommen aber aus allen Teilen der Welt. In seriösen Mineralienhandlungen wird die Herkunft korrekt angegeben.

Beliebte Mitbringsel sind die klassischen Stocknägel (an allen Wanderzielen), die »Brockentaler« (Riesenoblaten), allerlei Kräuterschnäpse mit hexenhaften, teuflischen oder höllisch lodernden Phantasienamen, handgefertigte Schnitzfiguren, zum Teil auch aus einer Baumwurzel, oder Minieulen. Ein echter Renner sind die vielen Souvenirs der Schmalspurbahnen: Lokschilder, Schlusslichter oder Lokführermützen aus Leder.

Wer Kunsthandwerk in Muße sucht, sollte durchs *Große Heilige Kreuz* (mittelalterliches Spital, *Hoher Weg 7)* in Goslar bummeln, die Handwerker im Hof der *Remise* (altes Fachwerk, *Marktstr. 1*) in Wernigerode oder den Kunsthandwerkerhof *Alte Zellerfelder Münze (Bornhardtstr. 11*) in Clausthal-Zellerfeld aufsuchen. Gute Auswahl bieten die Verkaufsausstellungen einheimischer Kunsthandwerker und Künstler anlässlich von Nationalparktagen, Ortsfesten und natürlich die verschiedenen Weihnachtsmärkte. Spannend auch für Kinder sind die Werkstattführungen in der *Glasmanufaktur Harzkristall (tgl. 8–18 Uhr)* am Ortsrand von Derenburg, zwischen Blankenburg und Wernigerode. Einmalig ist die *Harzer Uhrenfabrik* in Gernrode – sie ist die einzige Kuckucksuhrenfabrik nördlich des Schwarzwaldes. Hier können Sie den Uhrmachern auch über die Schulter schauen!

Überall in vielen Varianten präsent: Hexenpuppen als Souvenir

Feste, Events und mehr

Peitschenknall und Jodelei, reitende Hexen und viele Stadtfeste

Die Harzer lassen die Gäste teilhaben an alten Brauchtumsfesten, bei denen gejodelt und mit der Peitsche geknallt wird. Oder

Das ist der Harz – nicht Alaska!

sie räumen Plätze und Straßen für allerlei moderne Stadtfeste. Und einmal im Jahr sind die Hexen los.

Feste und Veranstaltungen

Januar/Februar

Internationale ★ *Schlittenhunderennen* in Benneckenstein, Tanne, Hasselfelde, Friedrichsbrunn und Clausthal-Zellerfeld.

Februar

Winterfeste in vielen höher gelegenen Harzorten, mit sportlichen und spaßigen Spielen im Schnee.

Ostern

Osterfeuer (Ostersamstag) auf vielen Höhen – der Harz steht in Flammen. Zusätzliche Veranstaltungen in Kur- und Erholungsorten (Tanz, Konzerte, Blasmusik).

30. April

Von Alexisbad bis Zorge wird ★ *Walpurgis* gefeiert. Die Nacht zum 1. Mai gehört den Hexen, die sich rauschenden Festen hingeben. Hunderttausende machen jedes Jahr mit. Grell geschminkte Hexen und Teufel, Umzüge, Spektakel, Feuerwerk. Hauptschauplätze: Schierke, Hexentanzplatz Thale, Braunlage und Bad Grund.

Pfingsten

Polsterbergtreffen: Am Polsterberg bei Altenau (Naturbühne) treten zahlreiche Brauchtumsgruppen auf. *Finkenmanöver* in Benneckenstein und Hohegeiß: Bei Sonnenaufgang werden die Schläge (Gesänge) gezüchteter Buchfinken bewertet. *Questenfest* in Questenberg: Rund um die Queste, einen geschmückten Eichenstamm, wird drei Tage gefeiert und am Pfingstmontag morgens die Sonne begrüßt.

Insider Tipp Beim *Viehaustrieb* in Wildemann wird das Vieh mit viel Folklore für den Sommer wieder auf die Bergweiden getrieben.
In Quedlinburg wird der *Kaiserfrühling* gefeiert. Die Darsteller treten als Kaiser und Könige in historischen Trachten auf und spielen die letzte Reichsversammlung Ottos des Großen (Otto I.) nach, die im Jahr 973 hier stattfand.

Juni

Monat der Stadtfeste: *Johannisfeste* in Bergbauorten, *Stadtfeste* in Quedlinburg, Goslar, Wernigerode u. a.; in fast allen Dörfern *Schützenfeste* (bis in den Juli hinein).
Der *Harzer Heimattag* des Harzklubs mit Auftritten von Folkloregruppen findet im jährlichen Wechsel in Braunlage oder Suderode statt.
Harzer Waldfest mit Vorführungen zur Hege und Pflege von Wald und Wild in Hasselfelde.

Juli

Galopprennwoche in Bad Harzburg: viel beachtete Pferderennen.
Insider Tipp Realistische *Ritterspiele* auf Burg Regenstein.
Köhlerfest in Braunlage: Wie ehedem wird ein Holzmeiler angezündet und so lange gefeiert, bis die fertige Holzkohle verkauft werden kann (ca. eine Woche).
Harzfest an einem jährlich wechselnden Ort: größtes Brauchtumsfest im Harz mit über 50 Gruppen, ebenso vielen Handwerks- und Verkaufsständen, vielen Vorführungen und großem Festumzug.

August

Köhlerfest in Hasselfelde am Köhlereimuseum.
Grasedanz in Neuwerk und Hüttenrode: Die Frauen der Harzdörfer feiern das Einbringen der Heuernte – es herrscht Frauenrecht!

September/Oktober

Jodlerwettstreit: Treffen der Jodler auf der Waldbühne Altenbrak (im August auch in Clausthal-Zellerfeld).
Massenläufe zum Brocken: *Brockenlauf* in Ilsenburg und *Harzgebirgslauf* in Wernigerode.
Sternwanderung des Harzklubs.

Dezember

Viele *Weihnachtsmärkte*, heimelige Atmosphäre mit Lichterglanz und Nippes zwischen altem Fachwerk.

Pfingsten: Viehaustrieb

Schönste Randerscheinungen

In der alten Kulturlandschaft am Nordrand des Harzes sind viele touristische Highlights versammelt

Am Nordrand ist die Grenze zwischen Ebene und Harzgebirge deutlich. Die Berge steigen steil aus der Norddeutschen Tiefebene und dem sanft gewellten Hügelland an, beherrscht vom Brocken, der alle Nachbarberge deutlich überragt. Hier reiht sich an den Talausgängen eine Stadt an die andere: Goslar, Bad Harzburg, Ilsenburg, Wernigerode, Blankenburg, Halberstadt, Quedlinburg, Thale und Ballenstedt. Burgen und Schlösser stehen auf den Höhen über den Talausgängen. Zeugnisse der Geschichte erinnern an Kaiser, Könige, Dichter und Maler. Die Dörfer sind ländliche Idyllen mit Dorfbach, Bauerngärten mit Blumen, Dill, Kartoffeln, Rosen und Obstbäumen hinter den Lattenzäunen. Noch sind nicht alle Bäume längs der kurvenreichen Straßen gefällt worden, gepflasterte Wege und Straßen kommen wieder in Mode.

BAD HARZBURG

[107 F4–5] Der heilklimatische Kurort (23 200 Ew.) bildet das Tor zum

Blick auf den Brocken vom Wernigeröder Schloss

Wunderbar restauriert: Quedlinburg

Nationalpark Harz. Die geschützte Lage am Nordrand und sieben Heilquellen sind die Existenzgrundlage des Kurbetriebes. Zu den im Harz einzigartigen Einrichtungen gehören eine Natur-Sole-Therme mit eigener Schwefel-Sole-Quelle, die historische Wandelhalle im Badepark mit Heilbrunnen-Ausschank und die Spielbank. Früher traf sich hier das vornehmste Publikum im Harz. Der Kaiser genoss die Sommerfrische, über direkte Zugverbindungen kamen Berliner Gäste in den Ort. Viele Villen und alte Hotelbauten mit den für den Kurbetrieb typischen vorgebauten Holzbalkonen erinnern an diese Zeit. Die neue, vierspurige Bundesstraße 4 zerschneidet den Ort und bringt Autotouristen direkt in die Berge. Die Galopprennwochen sorgen im Sommer für buntes Treiben im Ort.

Grüne Werbung für die Galopprennwoche in Bad Harzburg

SEHENSWERTES

Burgberg

In drei Minuten fährt die Großkabinenseilbahn vom Kurpark aus auf den 484 m hohen Burgberg mit den Ruinen der ehemaligen Harzburg und dem Ausflugslokal *Burgbergcafé.*

ESSEN & TRINKEN ÜBERNACHTEN

Ringhotel Braunschweiger Hof

Das zentral gelegene Hotel mit einem Nobelrestaurant ist im Harzer Stil eingerichtet und bietet eine eigene Karte für Wildspezialitäten. *88 Zi., Herzog-Wilhelm-Str. 54, Tel. 05322/78 80, Fax 78 84 99, www.hotel-braunschweiger-hof.de, Restaurant €€–€€€, Hotel €€€*

Harzburger Hof

Hotel und Restaurant, renoviert, mit eigener Spielbank im Haus (ab 14 Uhr). *100 Zi., Kurhausstr. 23, Tel. 05322/782 20, Fax 78 22 46, Restaurant €–€€, Hotel €*

Kaffeehaus Winuwuk

Am Waldrand oberhalb des Golfplatzes wurde es 1922 von Worpsweder Künstlern märchenhaft-phantasievoll gebaut. Warme Küche, hausgemachte Torten und eine Kunstausstellung. *Waldstr. 9, Tel. 05322/14 59, €*

FREIZEIT & SPORT

Sole-Therme

Das Solebad verwöhnt drinnen mit 32 Grad, im Außenbecken mit 29 Grad warmem Wasser. *Im Kurpark, Mo–Fr 8–21, Sa/So 8–19 Uhr*

AM ABEND

Spielbank Harzburger Hof

Krawattenzwang. Die Spiele beginnen ab 14 Uhr (französisches Roulette, German Roulette, Black Jack). Ein Automatensalon befindet sich in der Spielbank, ein weiterer Salon steht in der Stadtmitte. *Herzog-Julius-Str. 64 b (Badepark), Tel. 05322/960 10*

AUSKUNFT

Touristeninformation
Herzog-Wilhelm-Str. 86, Kurzentrum, 38667 Bad Harzburg, Tel. 05322/753 30, Fax 753 33, www.bad-harzburg.de, Mo–Fr 8–20, Sa 9–16, So 10–13 Uhr

BALLENSTEDT

[114 C2] Die geräumige, ländliche Altstadt mit ihren krummen Gassen und Gärten ist von einer Stadtmauer eingeschlossen. Sehenswerte Häuser finden Sie in den Straßen Badstuben, Graben und Burgstraße. Eine 1250 m lange Allee führt zum barocken Schloss, das auf den letzten sanften Ausläufern des Unterharzes steht.

SEHENSWERTES

Schloss
Es war der Stammsitz der Grafen von Askanien (Aschersleben), die um 1150 mit Albrecht dem Bären Berlin gründeten und die slawischen Siedlungsgebiete östlich von Elbe und Saale als Mark Brandenburg mit deutschen Siedlern kolonisierten. Von 1765 an wurde das Schloss zum Repräsentationsbau der Fürsten von Anhalt umgestaltet. Die *Gärten (tgl. von 8 Uhr bis Einbruch der Dunkelheit geöffnet)* wurden 1858–62 mit Teichen, Wasserläufen und hohen Bäumen nach Plänen von Peter Josef Lenné, dem Gartenarchitekten der Potsdamer und Berliner Parks, mit der »Wasserachse« angelegt.

Der mächtige Turmbau mit Albrechts Grab stammt noch vom romanischen Benediktinerkloster, das bis zur Zerstörung 1525 im Bauernkrieg an der Stelle des heutigen Schlosses stand. An die Prinzessin Uta von Ballenstedt erinnert eine Kopie der berühmten Naum-

MARCO POLO Highlights »Der Nordharz«

★ **Rammelsberg**
Authentisches altes Silberbergwerk (Seite 35)

★ **Bodetal**
Dramatischer Flusslauf durch hohe Felsen (Seite 43)

★ **Halberstadt**
Gotischer Dom und Domschatz (Seite 36)

★ **Burg Falkenstein**
Die besterhaltene Burg des Harzes (Seite 30)

★ **Quedlinburg**
Weltkulturerbe: Stiftskirche und Fachwerkhäuser der Altstadt (Seite 39)

★ **Schloss Wernigerode**
40 Räume im Stil des Historizismus (Seite 44)

burger Stifterfigur. Unter der spätbarocken Hofkapelle befindet sich die romanische Krypta. *Di–So 10–17, Nov.–April 10–16 Uhr*

ESSEN & TRINKEN ÜBERNACHTEN

Gasthof zum Falken (Meisdorf)
Modernisiertes Waldhaus mit handfestem Essen und 14 preiswerten Zimmern. *Falkensteiner Weg 2, Tel. 034743/82 47, Fax 611 86, €*

Ratskeller
In der Altstadt, renoviert, mit deutscher Küche. *14 Zi., Rathausplatz 3, Tel. 039483/85 34, Fax 970 77, €*

Schlosshotel Großer Gasthof
Direkt am Parkeingang komplett renovierte Pracht, die gern von Busreisegruppen aufgesucht wird. *50 Zi., Tel. 039483/510, Fax 513 33, www.grosser-gasthof.de, €€€*

AUSKUNFT

Tourist-Information
Allee 37, 06493 Ballenstedt, Tel./Fax 039483/263, Di–Sa 10–17, Nov.–April bis 16 Uhr

ZIELE IN DER UMGEBUNG

Burg Falkenstein **[114 C3]**
★ Auf einem Sporn über dem Selketal, 9 km vor Ballenstedt, steht der Falkenstein. Keine andere Burg im Harz ist so gut erhalten. 1120 datiert der Baubeginn durch die Konradsburger Grafen. Um 1230 schrieb hier Eicke von Repgow den Sachsenspiegel, die älteste Sammlung deutschen Rechts. Nach 1600 wurde die Burg umgebaut, im 18. Jh. zogen die Herren ins Meisdorfer Schloss um, und im 19. Jh. erfolgte der Umbau zum Jagdschloss. Besucher müssen durch sieben Tore gehen, bevor sie den Innenhof der Kernburg betreten, wo die historischen Räume und das Jagdmuseum untergebracht sind. *Di–Fr 9–17 (Nov.–Feb. 9–16) Uhr, Sa/So 9–18 (Nov.–Feb. 9–17) Uhr*

Meisdorf **[114 C2]**
Im Selketal, am Ortsrand des hübschen, 6 km von Ballenstedt entfernten Dorfes (1100 Ew.), wurde das im 10 ha großen Park gelegene Schloss von 1760 mitsamt Nebengebäuden zum Luxushotel ausgebaut: Golfplatz, Hallenbäder, drei Restaurants, Café in der Orangerie. *Parkhotel (72 Zi., Allee 5, Tel. 034743/980, Fax 982 22, €€€).* Dazu gehört das Chalet Ludwig *(56 Zi., €€).* Auskunft erteilt die *Touristinformation, 06463 Meisdorf, Hauptstr. 31, Tel./Fax 034743/82 00.*

Roseburg **[114 B2]**
Der Berliner Theaterbaumeister Rudolf Sehrung baute von 1905 an die Ruinen der mittelalterlichen Roseburg zum Phantasieschloss zwischen deutschem Mittelalter und römischer Antike aus, legte Park und Wasserspiele an. Schöner Blick zum Brocken und auf die Gegensteine, den östlichsten Ausläufer der Teufelsmauer. *Tgl. 8–18, sommers bis 19 Uhr*

BLANKENBURG

[109 D–E4] Die Altstadt mit ihren schwarzweißen Fachwerkhäusern, der gotischen Bartholomäuskirche und dem Rathaus aus dem 15. Jh. wird von dem mächtigen Renaissanceschloss auf dem Berg beherrscht, das 1705–31 barock umgebaut wurde und den Braunschweiger Herzögen als Residenz ihrer Besitzungen im Harz diente.

Die Lage an den großen Laubwäldern der steilen Harzhänge, die Nähe zu vielen Sehenswürdigkeiten, das milde Klima, das Teufelsbad mit Moorkuren, Schloss und Park zogen seit 1870 vermögende Pensionäre an, die sich in der Stadt (17 500 Ew.) ihre Villen bauten.

SEHENSWERTES

Schlossgärten

Der Schlosspark reicht als Landschaftsgarten mit Arboretum und Teichen bis an die Harzwälder. Darunter erstreckt sich der barocke Terrassengarten mit sorgsam gestutzten Büschen und Bäumen, Brunnen, der Neptunsgrotte und dem Kleinen Schloss (1725).

Insider Tipp

MUSEEN

Herbergsmuseum

Die ehemalige Gesellenherberge (1864–1916) ist originalgetreu eingerichtet und zeigt Dokumente zur Wanderschaft der Handwerksgesellen. *Bergstr. 15, Mo–Do 14.30 bis 17 Uhr*

Insider Tipp

Museum Kleines Schloss

Hofleben, Baugeschichte der Schlösser und der Stadt, Bergbau und eine Bauernstube. *Di–Sa 10–17, So 14–17 Uhr*

ESSEN & TRINKEN ÜBERNACHTEN

An der Teufelsmauer

Ehemalige Gartenvilla mit einfachen, preiswerten und modernisierten, teureren Zimmern. Im Restaurant deutsche Regionalküche. *10 Zi., Timmenröder Str. 2, Tel. 03944/36 41 00, Fax 36 51 15, teufelsmauer@blankenburg.de,* €–€€

Viktoria Luise

Die stilvoll restaurierte Villa von 1893 mit Blick auf Harz und Schloss bietet große Zimmer in modernem Design, dazu Sauna, Café, Restaurant und Terrasse. *15 Zi., Hasselfelder Str. 8, Tel. 03944/911 70, Fax 91 17 17, www.viktoria-luise.de,* €€€

AUSKUNFT

Kurverwaltung

Lange Str. 17, 38889 Blankenburg, Tel. 03944/28 98, Fax 631 02, www.blankenburg.de, Mo–Fr 9–18, April–Okt. auch Sa 9–12 Uhr

ZIELE IN DER UMGEBUNG

Kloster Michaelstein **[109 D4]**

Das ehemalige Zisterzienserkloster vor den Toren Blankenburgs ist Musikakademie und Heimstatt des Telemann-Kammerorchesters. Die Kirche wurde 1533 zerstört, erhalten sind Teile der romanischen Klausurgebäude und der gotische Kreuzgang. Barockkonzerte, Klassik und Jazz werden im Refektorium aufgeführt, in den Festräumen des Jagdschlosses ist das *Musikinstrumentenmuseum* untergebracht. Anfang Juli Klosterfest mit Kunstausstellungen und Konzerten. *Alle Sehenswürdigkeiten: Di–So 10–18 Uhr, Führungen 10.30, 14.30 u. 16 Uhr, Okt.–April Mi–Sa 14–17, So 10–17 Uhr, Führungen 14 u. 16 Uhr, Tel. 03944/903 00, Fax 90 30 30, www.klostermichaelstein.de;*

Insider Tipp

Konzertkarten zu bestellen unter Tel. 90 30 86, Fax 90 30 15

Burg Regenstein **[109 D4]**
Auf dem markanten Felsklotz stehen Reste mächtiger Mauern und Türme sowie 32 aus dem weichen Sandstein herausgearbeitete Felsräume. Darunter befinden sich die Burgkapelle, eine Zisterne, Gräben und ein 197 m tiefer Brunnen. Sie haben Sicht auf das 3 km entfernte Blankenburg und den Harz bis zum Brocken und ins Vorland zu den Türmen von Halberstadt. Im 11. Jh. gegründet, wurde die Festung 1758 zerstört. *Tgl. 9–18, Nov.–April Mi–So 9–16 Uhr*

Teufelsmauer **[109 E4]**
Felswände und Bastionen ziehen sich als 3 km lange Kette von Blankenburgs Stadtrand bis nach Timmenrode. Die Felsen längs des Kammweges überragen die Baumwipfel des Bergzuges und können zum Teil mit Eisenstiegen erklommen werden. Die Sandsteinformationen sind 80 Mio. Jahre alt und bizarr verwittert. Verkrüppelte Eichen und Kiefern klammern sich mit ihren Wurzeln an Ritzen und Löchern im Fels fest. Besonders eindrucksvoll sind am Anfang des Weges die Großvaterklippen und am Ende das Hamburger Wappen. Rückweg auch auf dem bequemeren Hangweg (blauer Punkt) möglich.

GOSLAR

Karte in der hinteren Umschlagklappe

[107 D4] Die mittelalterliche Kaiserstadt (46 000 Ew.) und die Bergwerke im Rammelsberg haben über 1000 Jahre gemeinsame Geschichte. Schon kurz nach der Entdeckung des Silbers 968 verlegte Kaiser Heinrich II. um 1010 die Kaiserpfalz von Werla nach Goslar und machte sie zu seinem Lieblingssitz. Mit ihren Fachwerkhäusern, den romanischen Kirchen, Befestigungsanlagen, der Kaiserpfalz und den Bergwerken im Rammelsberg wurde die Stadt 1992 in die Liste des Unesco-Weltkulturerbes aufgenommen.

Nehmen Sie sich Zeit für Goslar: In jeder Straße, in jedem Winkel gibt es etwas zu sehen, allein die etwa tausend wohl erhaltenen und von ihren Besitzern gepflegten Fachwerkhäuser. Die Altstadt ist groß, in der Länge sind es von ganz oben an der Frankenbergkirche bis ganz unten am Breiten Tor 2 km. Die *Abzucht* fließt wie im Mittelalter offen durch die Stadt – damals diente sie als Abwasserkanal. Der Weg am Bach entlang ist ein Stück beschauliches, wenig bekanntes Goslar mit kleinen Gärten zwischen den Häusern. Die *Lohmühle* mit erhaltenem Wasserrad ist die letzte von 27 Mühlen in der Stadt. Parken Sie außerhalb der Altstadt, z. B. auf den Parkplätzen hinter der Kaiserpfalz und am Osterfeld (Wallanlagen, Nähe Breites Tor).

Geführte Stadtrundgänge dauern 1,5–2,5 Std. Auskunft über die verschiedenen Touren in der Tourist-Information. Die *Öffnungszeiten der Kirchen* sind sehr unterschiedlich, zwischen Nov. und März haben einige geschlossen.

Zeitgenössische Kunst steht auf Straßen und Plätzen. Manchmal nimmt sie dabei auch Schaden, wie die beiden »Dicken« von Botero,

Hoch zu Ross: Wilhelm I. und Friedrich I. vor der Kaiserpfalz in Goslar

deren Regenschirm mehrmals abgebrochen wurde.

SEHENSWERTES

Achtermann
Am Ende der Rosentorstraße stehen der Achtermann, ein Rest der alten Mauer und eines Torturms, und die hochromanische *Neuwerkkirche* (1186) gegenüber. Die dreischiffige Pfeilerbasilika gehört zu den Hauptwerken norddeutscher Romanik.

Insider Tipp

Dom
Vom romanischen Dom des 12. Jhs. ist nur die Vorhalle mit eindrucksvollen Stuckreliefs erhalten. In der Halle steht der fast 1000 Jahre alte »Kaiserstuhl«. Der *Hohe Weg* verbindet die kaiserliche Residenz mit der Stadt der Bürger.

Kaiserpfalz
Die Kaiserpfalz hat trotz starker Umbauten im 19. Jh. ihre romanische Grundgestalt aus dem 11. und 12. Jh. bewahrt. 23 Reichstage fanden hier statt, der letzte unter dem Stauferkaiser Friedrich II. im 13. Jh. Schließlich wurde sie zur Getreidescheune, 1865 dachte die Stadt sogar an Abbruch. Die Ulrichskapelle mit dem Grab Kaiser Heinrichs III. gehört zu den original erhaltenen Teilen, die heroischen Wandgemälde des Historienmalers Wislicenus im Kaisersaal (1879–97) zeigen die Sternstunden deutscher Geschichte im Mittelalter und der wilhelminischen Reichsgründung. *Führungen tgl. 9–17, Nov.–März 10–16 Uhr*

Marktplatz
In der Mitte des strahlenförmig gepflasterten Marktes steht der 800 Jahre alte Brunnen mit goldenem Reichsadler. Auf dem Platz und unter den Laubengängen des *Rathauses* wurde gehandelt. Die in der Mauer eingelassene Elle sorgte für

eindeutige Maße. Davor steht der Pranger, eine Holzsäule, an der Missetäter angekettet wurden. Der *Huldigungssaal* im Rathaus war Sitzungssaal des Goslarer Rates; die einzigartige Ausstattung mit Malereien und Schnitzarbeiten ist um 1500 entstanden. Sie stellt Heilige, Kaiser, Propheten, Evangelisten und das Leben Christi dar *(tgl. 11–16 Uhr)*. Gegenüber steht die schieferbeschlagene ehemalige Kämmerei mit dem *Glockenspiel (um 9, 12, 15 und 18 Uhr)* von 1968, dessen Figuren die Geschichte des Harzbergbaus darstellen.

Marktkirche

Die Kirche (1150, im 15. Jh. erweitert) ist eine romanische Pfeilerbasilika. Die Glasmalereien im Chor gehören zu den ältesten (1250) in Deutschland.

MUSEEN

Goslarer Museum

Mittelalter, neuere Geschichte sowie die Geologie des Harzes sind die Schwerpunkte. *Di–So 10–17, Nov.–März 10–16 Uhr, Königstr. 1*

Mönchehaus, Museum für moderne Kunst

Insider Tipp

Die Stadt Goslar verleiht jedes Jahr den Kaiserring, einen Kunstpreis von internationalem Rang, der bisher u. a. an Henry Moore, Joseph Beuys und Günther Uecker ging. Deren Werke sind in der Altstadt anzutreffen und im Museum, das in einem Ackerbürgerhaus von 1528 untergebracht ist. Wechselnde Ausstellungen junger Künstler. Beim Haus ist ein Skulpturengarten angelegt. *Di–Sa 10–17, So 10–13 Uhr, Mönchestr. 3*

Museum im Zwinger

Waffen, Rüstungen und Foltergeräte aus dem Mittelalter. *Tgl. 9–17 Uhr, Dez.–März 10–16 Uhr, Thomasstr. 2*

Musikinstrumenten- und Puppenmuseum

Ein Museumskleinod im wahrsten Sinne des Wortes: eine Puppenstu-

Im historischen Mönchehaus in Goslar hängt heute moderne Kunst

be und dazu 70 winzige Musikinstrumente. *Tgl. 11–17 Uhr, Hoher Weg 5*

Zinnfigurenmuseum
In einem historischen Wirtshaus von 1670 untergebracht, im Hof geschnitzte Fabelwesen, drinnen Bergbau und Goslarer Geschichte in Zinnfigurendioramen. Verkaufsausstellung. *Tgl. 10–17 Uhr, Münzstr. 11*

ESSEN & TRINKEN ÜBERNACHTEN

Achtermann
Modern ausgestattetes Spitzenhotel. Hallenbad, Sauna. *152 Zi., Rosentorstr. 20, Tel. 05321/700 00, Fax 700 09 99, www.der-achtermann.de, €€€*

Kaiserworth
Restaurant mit internationalem Flair und Harzer Spezialitäten. Im Sommer stehen Tische draußen. *66 Zi., Markt 3, Tel. 05321/70 90, Fax 700 93 45, www.kaiserworth.de, Hotel €€–€€€, Restaurant €€€*

Gästehaus Möller
Ruhig gelegene Villa von 1900 oberhalb der Altstadt, Parkplätze, Gästeküche. *16 Zi., Schieferweg 6, Tel. 05321/230 98, €*

AUSKUNFT

Kur- und Fremdenverkehrsgesellschaft
Markt 7, 38640 Goslar, Tel. 05321/780 60, Fax 78 06 44, www.goslarinfo.de, Mo–Fr 9.15 bis 18, Sa 9.30–16, So 9.30–14 Uhr, Nov.–April Mo–Fr 9.15–17, Sa 9.30 bis 14 Uhr

ZIEL IN DER UMGEBUNG

Rammelsberg **[107 D4]**
★ Das Besucherbergwerk und Bergbaumuseum ist mehr als ein Technikmuseum. Beim Gang durch die dunklen, nassen Gänge vermitteln tropfendes Wasser, rutschige Wege und die klamme Nässe der Luft hautnah die Arbeitsbedingungen der Bergleute. Das flackernde Licht des »Frosches«, der Öllampe der Bergarbeiter, weist den Weg. Für kurze Zeit wird sogar vollkommene Dunkelheit hergestellt. Kehrräder, Grubenbahnen, Werkzeuge aus Jahrhunderten zeigen den Wandel der Arbeitswelt. Führungen zu Fuß durch den Roeder-Stollen und zur Erzaufbereitung können mit der Grubenbahn-Fahrt kombiniert werden. *Tgl. 9–18 Uhr, von Goslars Innenstadt 20 Min. Fußweg, Stadtbus C*

HALBERSTADT

[109 E–F2] In Sichtweite des Harzes liegt die 1200 Jahre alte Bischofsstadt, deren Kirchtürme die Dächer hoch überragen. Halberstadt (43 200 Ew.) wurde am 8. April 1945 von den Alliierten bombardiert, dabei verbrannte ein Großteil der Altstadt mit ihren Fachwerkhäusern. Dom und Liebfrauenkirche wurden ebenfalls getroffen. Domplatz und Kirchen wurden rasch restauriert, die Innenstadt dagegen wurde abgerissen und zur gesichtslosen Plattenbausiedlung. Mit der Wende begann der Wiederaufbau. Halberstadt wurde zur Modellstadt für Stadtsanierung. Das Stadtzentrum ist getreu dem alten Vorbild wieder aufgebaut worden. Fachwerkhäuser wurden restauriert, Lücken mit moderner Architektur geschlossen. Halberstadt entwickelt sich zu einer vitalen, gegenwartsbezogenen und geschichtsbewussten Stadt. In den Rathauspassagen laden 90 Geschäfte und Lokale zum Bummeln und Shoppen ein.

SEHENSWERTES

Altstadt

Nach Norden fällt der Domhügel steil ab zur Altstadt, deren Baulücken, Hinterhöfe, Fachwerkhäuser und Neubauten eine faszinierende Werkstatt für Stadtentwicklung und private Initiative sind. Gehen Sie durch *Grudenberg, Grauhof, die Bakenstraße* mit einem Abstecher ins einstige *Judenviertel,* von dessen Gebäuden bis auf die »Klaussynagoge« im *Rosenwinkel* (das ehemalige Rabbinerseminar, heute Moses-Mendelsohn-Akademie) nicht mehr viel steht. Aber auch Verschwundenes ist geschichtliches Zeugnis! Daran anschließend geben die *Voigtei,* die *Gröperstraße* und der untere Teil des *Hohen Wegs* eine Vorstellung von der Fachwerkbaukunst im alten Halberstadt.

Domplatz

Der ★ *Dom* (Baubeginn um 1230) ist die älteste rein gotische Kirche Deutschlands. Bis zum Abschluss der Bauarbeiten 1491 wurde Stück für Stück der alte romanische Dom abgebrochen und durch die neue Kirche ersetzt. Beim Eintritt durch das noch romanisch geprägte Portal beeindrucken die Höhe des Mittelschiffes und der Säulenbündel, die das Dachgewölbe tragen (Chor, Lettner und Kreuzgang können nur beim Besuch des Domschatzes besichtigt werden). Vor dem Dom mahnen die *Steine der Erinnerung* an die 1942 deportierten Juden der Stadt.

Den langen, baumbestandenen Domplatz flankieren die Kurien, einst Wohnsitz der Domherren, Post und Dompropstei. Am Westende des Platzes erhebt sich die romanische *Liebfrauenkirche.* Sie ist seit ihrer Fertigstellung 1146 nicht nennenswert verändert worden. Innen beeindruckt die Schlichtheit und Strenge der Pfeilerbasilika. Bemerkenswert sind die Chorschranken aus dem 12. Jh. mit fast lebensgroßen Figuren von Aposteln, Jesus und der Madonna. An die ehemaligen Klostergebäude schließt sich der mittelalterliche *Petershof* an, einst Bischofspalast, jetzt Stadtbücherei.

Rathausplatz

Vor dem *Rathaus,* einem Neubau aus dem Jahr 1998, der moderne Flächigkeit mit den Linien der gotischen Fassade vereint, steht der *Roland* (1433), Symbol für die Zugehörigkeit zur Hanse und für die Freiheit der Stadt von Landesherren. Die zweitürmige *Martinikirche* daneben war die Stadtkirche, innen ist sie eine flache gotische Halle mit einem figurenreichen Barockaltar. Vom *Turm (10–16 Uhr)* genießen Sie den Blick über die Stadt, zu den Spiegelsbergen und zum 12 km entfernten Harz.

MUSEEN

Domschatz

★ Eine einmalige Sammlung: sakrale Teppiche, Altartücher und liturgische Gewänder, die bis zu 800

Vor dem ehrwürdigen Dom geht's rund beim Schützenfest in Halberstadt

Jahre alt sind und immer noch ihre Farbigkeit bewahrt haben, byzantinische Kleinkunst, Handschriften, Tafelbilder und Bildhauerkunst. Die Führung berührt auch die Teile des Doms, die nicht frei zugänglich sind, und den Kreuzgang. *Führungen: Di–Fr 10, 11.30, 14, 15.30 Uhr, Sa 10, 12, 14 Uhr, So 11.30, 14.30 Uhr; Nov.–März Di–So 11.30, 14.30 Uhr*

Städtisches Museum

Zeugnisse der Stadtarchäologie, Bilder und Modelle aus der Vergangenheit. Nebenan befindet sich die vogelkundliche Sammlung des *Heineanums* aus dem 19. Jh. mit Präparaten, Zeichnungen und Ausstellungen. *Mai–Aug. Di–Fr 9–17, Sa/So 10–18 Uhr, Sept.–April Di–Fr 9–17, Sa/So 10–17 Uhr, Domplatz 36*

ESSEN & TRINKEN

Alt Halberstadt

Enge Traditionskneipe in der Voigtei, kleine Sattmacher, im Sommer Biergarten. Immer viel Betrieb. *Voigtei 17, Tel. 03941/60 06 22, €*

Galerie Cafe 1580

Kreative Küche in historischem Haus. Hier treffen sich die Halberstädter und führen ihre Gäste hin. *Lichtengraben 15, Tel. 03941/44 23 35, €–€€*

ÜBERNACHTEN

Altstadtpension Ratsmühle

Fachwerkhaus mit 12 modernen Zimmern. *Hoher Weg 1, Tel. 03941/57 37 90, Fax 573 79 13, €*

Am Grudenberg

Liebevoll renoviertes Fachwerkhaus im Herzen der Altstadt mit ruhigem Innenhof, persönlich geführt. Frühstücksbuffet, kleine Speisen, Getränke. Sauna, Solarium. Parkplätze im Hof. *21 Zi., Grudenberg 10, Tel. 03941/691 20, Fax 69 12 69, www.hotel-grudenberg.de, €€*

Schlossvilla Derenburg
Jugendstilvilla in großem Park mit hohen Bäumen und Teich. Gute kreative Küche. *15 Zi., Schlossstr. 5, Derenburg (12 km), Tel. 039453/67 80, Fax 678 50, www.schlossvilla.de,* €€–€€€

FREIZEIT & SPORT

Sport-Land am Sommerbad
Badelandschaft. In der Halle: Tennis, Klettern, Fitness und Sauna. Gastronomie. *Gebrüder-Rehse-Str. 12, Tel. 03941/68 78 10, Mo–Fr 7.30–22, Sa/So 10–22 Uhr*

AUSKUNFT

Halberstadt Information
Hinter dem Rathause 6, 38820 Halberstadt, Tel. 03941/55 18 15, Fax 55 10 89, www.halberstadt.de, Mo–Fr 9–18, Sa 10–14, So 10–13 Uhr, Nov.–April Mo–Fr 9–18, Sa 10 bis 13 Uhr. Es werden thematische Stadtrundgänge angeboten sowie eine Besichtigung der Halberstädter Würstchenfabrik.

ZIELE IN DER UMGEBUNG

Langenstein [109 E3]
Über dem kleinen Dorf, 10 km von Halberstadt entfernt, erheben sich steile Klippen, in deren weichen Sandstein Höhlen gegraben wurden, die bis 1916 bewohnt waren. Ein Wanderweg führt auf das Gipfelplateau mit Resten einer Burg. Von oben bietet sich ein großartiger Blick auf den Harz und den Brocken. Der Weg (rotes Dreieck) führt durch Felder und Kiefernwälder zur *Ruine Regenstein* und nach Blankenburg, Rückfahrt mit der Bahn möglich.

Spiegelsberge [109 E3]
Landschaftspark des 18. Jhs. mit Wald und Hügel zum Spazieren und Aussicht-Genießen südlich der Stadt – die Straßenbahn fährt hin. Es gibt ein Riesenweinfass, eine Sternwarte, ein Jagdschloss, einen Aussichtsturm und Gaststätten. Gekennzeichnete Wege führen nach Süden in die *Thekenberge* mit schroffen Sandsteinformationen und Felsklippen wie an der Teufelsmauer.

QUEDLINBURG

Karte in der hinteren Umschlagklappe

[114 B1] ★ Die kleine Stadt (25 500 Ew.) hat eine wechselvolle Geschichte hinter sich. Im Mittelalter wurde sie von Frauen regiert: Die Äbtissinnen des 936 gegründeten Stifts, der über einen gewaltigen Landbesitz verfügte, bestimmten die Geschicke der Stadt. Nur Frauen aus höchstem Adel und Königshäusern wurden in dem Stift aufgenommen. Quedlinburg entwickelte sich zur wohlhabenden Handelsstadt. Sie stand erneut im Mittelpunkt, als die Nazis Quedlinburg für sich als Keimzelle des Deutschen entdeckten: Heinrich I., der erste deutsche König auf dem Thron des Heiligen Römischen Reiches Deutscher Nation, hatte hier seine Lieblingspfalz (Residenz). Altstadt und Stiftskirche gehören seit 1994 zum Weltkulturerbe. Die 1200 denkmalgeschützten Fachwerkhäuser stammen meist aus der Zeit zwischen 1650 und 1700, als nach dem Dreißigjährigen Krieg die Ackerbürgerstadt wieder zur Blüte kam.

SEHENSWERTES

Altstadt

Ausgangspunkt für Rundgänge durch die Altstadt ist der *Markt* mit dem *Rathaus* und seinem prachtvollen Renaissanceportal, der *Rolandsstatue* aus Sandstein und schönen Bürgerhäusern. *Schuhhof* und *Hölle* (wegen der rußgeschwärzten Häuser ohne Schornstein) sind alte Handwerker- und Handelsgassen.

Insider Tipp

Münzenberg

Auf den Münzenberg gegenüber dem Schlossberg führen eine Treppe und eine steile, schmale Straße. Hier stand bis 1525 ein Kloster, über dessen Ruinen die kleinen Häuser der Leute gebaut wurden, die man in der Stadt nicht haben wollte. Am Bach entlang gelangt man stadtauswärts zur frühromanischen *Wipertikirche (Führungen Mai–Okt. tgl. 11 Uhr)*, die in einem terrassierten Friedhof mit Gräbern aus dem 19. Jh. steht.

Schloss und Stiftskirche Sankt Servatius

Eine steile, grob gepflasterte Straße führt durch das wehrhafte Burgtor. Anstelle der mittelalterlichen Burg steht hier ein *Renaissanceschloss*, das ein Museum beherbergt. Die *Stiftskirche (Di–Fr 10–18, Sa 10–16, So 12–18 Uhr; Nov.–April Di–Sa 10–16, So 12–16 Uhr; Führungen 11, 13 und 15 Uhr)* ging aus der 922 gebauten Pfalzkapelle Heinrichs I. hervor und wurde 936 Damenstift. Innenraum, Friese und Kapitelle aus dem frühen 12. Jh. gehören zu den schönsten Werken der Romanik. Die *Krypta* ist ein Wald von Säulen, an den Wänden stehen die Grabplatten der Äbtissinnen, im Boden sind die Königsgräber der Gründer eingelassen. Der *Domschatz* ist in den Querschiffen ausgestellt. Von den Terrassen des Schlossgartens sieht man die Altstadt mit den Stadttürmen, die den Verlauf der teilweise erhaltenen Stadtmauer zeigen.

Wuchtige Romanik: die Stiftskirche St. Servatius in Quedlinburg

Der Domschatz in der Stiftskirche Sankt Servatius

Aus dem Harz nach Amerika und wieder zurück

Sächsische Kaiser und Könige trugen seit dem 10. Jh. eine erlesene Sammlung sakraler Kunst zusammen. In seiner 1000-jährigen Geschichte ging einiges verloren, und manches wurde versilbert. 1945 war der größte Teil des Schatzes verschwunden. Im Krieg war er in Höhlen eingelagert worden, und dort bediente sich ein US-Leutnant. Nach seinem Tod zahlte die Bundesregierung 1993 3,7 Mio. Dollar an die Erben des Kunsträubers, um den Schatz zurückzuholen. Nach texanischem Recht war die Tat verjährt.

MUSEEN

Insider Tipp

Fachwerkmuseum
In einem Ständerbau von 1310, dem wohl ältesten deutschen Fachwerkhaus, dokumentiert das Museum die Baugeschichte der Stadt. *Fr–Mi 11–17 Uhr, Wordgasse 3*

Klopstockhaus
Im Geburtshaus des Dichters, der die Literatur der deutschen Klassik vorbereitete, der viel zitiert und wenig gelesen wurde, sind außerdem Leben und Werk zweier Zeitgenossen überliefert: Dorothea Christiana Erxleben war Deutschlands erste promovierte Ärztin und Johann Christoph Friedrich GutsMuths der erste Sportpädagoge. *Di–So 10–17 Uhr, Schlossberg 12*

Lyonel-Feininger-Galerie
Die Grafiken, Aquarelle und Gemälde verschiedenster Künstler aus den Jahren 1906–37 wurden vor der Vernichtung als »entartete Kunst« durch die Nazis gerettet. *Di–So 10–18, Nov.–März bis 17 Uhr, Finkenherd 5a*

Schlossmuseum
Hier sind vor- und frühgeschichtliche Funde ausgestellt sowie eine Sammlung zur Wohnkultur und Kleinkunst des 17. und 18. Jhs. *Tgl. 10–17 Uhr, Schlossberg gegenüber der Stiftskirche*

ESSEN & TRINKEN

Boulevardcafé
Stimmungsvolles Fachwerkhaus am Markt, auch Tische auf dem Platz; Kuchen, Eis und kleine Speisen, wie es sich für ein Boulevardcafé gehört. *Hoken 1, Tel. 03946/34 80, €*

Brauhaus Lüdde
Vier Sorten Bier in der Brauereihalle und im Biergarten, dazu wird Deftiges serviert. Brauereiführungen. *Blasiistr. 14, Tel. 03946/ 70 52 06, €*

Schlosskrug am Dom
Gemütliche Fachwerkkneipe mit schiefen Wänden. Vom Biergarten aus bietet sich ein toller Blick, gutbürgerliche Küche. *Schlossberg 1, Tel. 03946/28 38, €–€€*

ÜBERNACHTEN

Hotel zum Bär
Renoviertes Traditionshotel. Die Zimmer sind mit handwerklich gefertigten Möbeln ausgestattet. Restaurant. *50 Zi., Markt 8–9, Tel. 03946/77 70, Fax 70 02 68, www.hotelzumbaer.de, €€*

Hotel-Pension Ingrid
Modernisierte Jugendstilvilla in einem großen Garten am Rand der Altstadt. *25 Zi., Weberstr. 30, Tel./ Fax 03946/28 07, €*

Jugendherberge
Am Rand der Altstadt, ganz neu. *50 Betten, Neuendorf 28, Tel. 03946/81 17 03, Fax 81 17 05*

Romantikhotel Theophano
Am Markt in uraltem Fachwerkhaus, Antiquitäten und Himmelbetten, im Innenhof Biergarten, Restaurant. *22 Zi., Markt 13/14, Tel. 03946/ 963 00, Fax 96 30 36, theophano @t-online.de, €€–€€€*

AUSKUNFT

Quedlinburg-Information
Markt 2, 06484 Quedlinburg, Tel. 03946/905 62 45, www.quedlinburg-info.de, April–Okt. Mo–Fr 9–19, Sa 10–16 Uhr, Nov.–März Mo–Fr 9.30–18, Sa 10–14 Uhr

ZIELE IN DER UMGEBUNG

Gernrode **[114 B2]**
Die Kleinstadt (3700 Ew.) mit ihren krummen Gassen und flachen Häusern liegt auf den letzten Ausläufern des Harzes, 8 km von Quedlinburg entfernt. Unten im Ort steht der *Endbahnhof der dampfbetriebenen Selketalbahn*, weiter oben die

Ein schöner Pausenplatz sind die Stufen des Rathauses in Quedlinburg

Stiftskirche St. Cyriakus. Die 961 begonnene und um 1080 vollendete Kirche ist der bedeutendste Bau aus ottonischer Zeit in Deutschland, in dem sich Formen der Romanik mit byzantinischer Kunst verbinden. Das *Heilige Grab* bildet sein Vorbild in Jerusalem nach. Die Ausmalung der Apsis im byzantinischen Stil stammt aus dem 19. Jh. *(Führung tgl. 15 Uhr, Tel. 039485/354).*

Teufelsmauer **[114 A1]**
Zwischen Weddersleben *(Papiermühlen-Museum, April–Okt. Di–So 10–17 Uhr)* und Neinstedt setzt sich die Teufelsmauer mit hohen Sandsteinzinnen fort, die hier auf einem mit Trockenrasen bewachsenen Hügelzug stehen. *Rundweg* ab Parkplatz 1,5 Std.

THALE

[109 E5] In Thale (15 000 Ew.) »ist der Teufel los«. Nicht in der Stadt, die durch Bergbau und die Eisenhütte geprägt ist, sondern auf den Höhen über dem Taldurchbruch der Bode – auf der Rosstrappe und auf dem Hexentanzplatz. Zur Walpurgisnacht kommen Tausende Besucher, um das wilde Treiben zu genießen. Die Steine auf den Wegen dorthin waren schon vor 100 Jahren von den vielen Füßen blank poliert. Heute findet der Aufstieg mehr mit Auto, Seilbahn und Sessellift statt. Der Blick von der *Rosstrappe* in das tief eingeschnittene Felsental ist toll. Die Sage erklärt die übergroße, hufeisenförmige Vertiefung oben auf dem Felsen: Prinzessin Brunhilde war vor dem Ritter Bodo zu Pferd auf der Flucht. Das Ross setzte mit einem Riesensatz über die Schlucht, ihre Krone und der Verfolger stürzten in den wild schäumenden Fluss. Der Hufabdruck des sagenhaften Rosses war schon heidnische Kultstätte.

Zum *Hexentanzplatz* führt eine Kabinenseilbahn (ganzjährig). Runter geht es mit einer Schienenbobbahn. Oben gibt es einen *Zoo (tgl. 9–18, Nov.–April 10–16 Uhr)* mit heimischen und ehemals heimischen Wildtieren wie Bär und Wolf. 1901 wurde die *Walpurgishalle (Mai–Okt. tgl. 9–17 Uhr)* mit Gemälden zu Szenen aus Goethes Faust und Schnitzarbeiten im altgermanischen Stil errichtet. Im *Harzer Bergtheater (Tel. 03947/23 24),* dessen Naturbühne einen weiten Blick auf das Vorland bietet, gibt es von Mai–Sept. Theater- und Musikaufführungen.

MUSEUM

Hüttenmuseum
Bergbau, Industriegeschichte und alles über Emaille. *Di–Fr 9–17, Sa/So 10–18, Nov.–März Di–So 9–17 Uhr, Walter-Rathenau-Str. 1*

ESSEN & TRINKEN
ÜBERNACHTEN

Forsthaus Georgshöhe
Stilechtes Holzhaus mitten im Wald, 2 km vom Hexentanzplatz. Die 10 Zimmer sind rustikal eingerichtet, eine Gästeküche ist vorhanden, Abendessen im Angebot. *Tel. 03947/28 38, Fax 27 38,* €

Villa Alice
Die renovierte Jugendstilvilla liegt direkt am Wald und bietet Sauna,

Der Aufstieg lohnt: Die Wanderung auf dem schmalen Grat der Rosstrappe führt zu einem spektakulären Aussichtspunkt auf das Bodetal

Whirlpool, Café und Teestube. *9 Zi., Walpurgisstr. 26, Tel. 03947/ 40 06 40, Fax 400 64 22, €*

AUSKUNFT

Thale-Information
Rathausstr. 1, 06502 Thale, Tel. 03947/25 97, Fax 22 77, www.thale.de, Mo–Fr 9–18, Sa/So 9–15, Nov.–April Mo–Fr 9–17 Uhr

ZIEL IN DER UMGEBUNG

Bodetal **[109 E5]**
★ Zwischen Thale und Treseburg zwängt sich die Bode durch das immer engere und tiefere Tal und bricht durch die Granitmassen von *Rosstrappe* und *Hexentanzplatz*, kurz bevor sie in die Ebene eintritt. Auf dem *Weg am Flusslauf* entlang wird die Vielfalt der Gesteins- und Pflanzenwelt auf 22 Tafeln erklärt. Malerische Wanderwege führen durch das Tal, und über steile Pfade geht es hinauf zu Rosstrappe oder Hexentanzplatz. Am Talausgang erreicht man Sessellift und Seilbahn. *Busverbindung Thale–Treseburg Ostern bis Mitte Nov. 4-mal tgl. direkt über Rosstrappe; ganzjährig mit Umsteigen über Blankenburg alle 2–3 Std.*

WERNIGERODE

Karte in der hinteren Umschlagklappe

[108 C3] Hermann Löns, der vor dem Ersten Weltkrieg als Redakteur im Harz lebte, nannte Wernigerode »die bunte Stadt«. Malerisch liegt sie mit ihren steilen Dächern und den spitzen Türmen vor dem grünen, schroff ansteigenden Harz. Sie wird vom mächtigen Schloss überragt, dessen Türme und Erker gut zu den bunten Fachwerkhäusern in der Altstadt passen. Zu DDR-Zeiten war die Stadt (35 500 Ew.) Vorzeigeobjekt und wurde gut erhalten und restauriert. Heute ist sie Besuchermagnet im Harz. Hier beginnt die Brockenbahn, und es ist nicht weit in den Hochharz.

SEHENSWERTES

Altstadt

Auf dem Marktplatz steht das *Rathaus,* das mit den Fensterchen der beiden Spitztürme die Besucher anschaut. 1277 wurde es als »Spelhus«, als Tanz- und Festhaus, erbaut, war später Gerichtshaus und ist seit 1544 Rathaus. Der *Brunnen* auf dem Platz ist den Wohltätern der Stadt gewidmet. Der Oberpfarrwinkel hinter dem Rathaus besteht aus ruhigen Gassen und Gärten, wo die Teichmühle, auch *Schiefes Haus* genannt, und das *Haus Gadenstedt* stehen, mit seinem Erker eines der schönsten Häuser. Am oberen Ende der Kochstraße steht das *Kleinste Haus* (um 1750 erbaut): 4,20 m hoch, 2,95 m breit, mit einer Wohnfläche von 8 m^2. An der Breiten Straße, der Einkaufs- und Flaniermeile, steht das *Krummelsche Haus* (Nr. 72) von 1674, dessen Fassade gänzlich von eindrucksvollen Holzschnitzereien bedeckt ist, welche allegorisch die Erdteile und die Urelemente darstellen.

Schnuckelig: das »Kleinste Haus«

Schloss

★ Das Schloss wurde um 1120 als Burg errichtet, mehrfach umgebaut und erweitert, bis 1862–83 durch den Fürsten Otto zu Stolberg-Wernigerode, Vizekanzler unter Bismarck, der völlige Umbau im Stil des Historizismus vorgenommen wurde. Bei den Führungen werden über 40 Räume mit der Originalausstattung des 19. Jhs. besichtigt, darunter der Festsaal und die Schlosskirche. Der Blick vom Bergfried geht auf die Stadt, den Vorharz und die Berge des Oberharzes. *Mai–Okt. tgl. 10–18, Nov. Sa/So 10–18 Uhr, Dez.–April Di–So 10–18 Uhr, Parkplatz unterhalb am Anger, weiter zu Fuß oder mit der Schlossbahn*

MUSEUM

Krellsche Schmiede

Ein privates Schmiedemuseum, 1990 als historische Werkstatt der Fünfzigerjahre eröffnet. *Mi, Do, Sa, So 10–16, Fr 10–15 Uhr, Breite Str. 95*

ESSEN & TRINKEN

Café Wien

Traditionsreiches, gediegen altmodisches Café. *Breite Str. 4, Tel. 03943/6324 09, €*

Ratskeller
Uriger Gewölbekeller, deftige Küche. *Markt 1, Tel. 03943/63 27 06,* €

Schlossterrasse
Café unter Linden mit schönstem Fernblick, Mittags- und Kaffeetisch. *Am Schloss 2, Tel. 03943/232 12,* €

ÜBERNACHTEN

Pension/Café Deter
Villa im ruhigen Stadtteil Hasserode, italienische Möbel. Café, Garten. *13 Zi., Amtsfeldstr. 36 a, Tel./Fax 03943/60 49 31,* €

Hotel Harzkrone
Klassischer Fachwerkbau, große Zimmer, zwei gemütliche Restaurants, großer Biergarten. *26 Zi., Nöschenröder Str. 42, Tel./Fax 03943/232 56,* €€

Weißer Hirsch
Perfekt renoviert, hell und gepflegt, gute Karte. *55 Zi., Markt 5, Tel. 03943/60 20 20, Fax 63 31 39, www.hotel-weisser-hirsch.de, Restaurant* €€, *Hotel* €€–€€€

AUSKUNFT

Tourist-Information
Nikolaiplatz 1, 38855 Wernigerode, Tel. 03943/63 30 35, Fax 63 20 40, Mo–Fr 9–19, (Nov.–April Mo–Fr 9–18), Sa 10–16, So 10–15 Uhr

ZIELE IN DER UMGEBUNG

Brocken [108 A4]
Die Schmalspurbahn braucht von Wernigerode 2 Std. Aber schon die Fahrt bis *Drei Annen Hohne* [108 B5] oder *Schierke* [108 A5] ist ein Erlebnis, wenn die schwarzen Dampfrösser den Berg hochstampfen. An schönen Tagen sind die Züge überfüllt.

Ilsenburg [108 A–B3]
Am Fuß des Brockens, 9 km von Wernigerode entfernt, liegt das 6500 Ew. große Städtchen, das von Eisenhüttenindustrie und Fremdenverkehr lebt und schon früher ein Ausgangsort für Brockenwanderungen war. Es liegt attraktiv am Ausgang des Ilsetals, bietet sehr viele Wandermöglichkeiten, eine gute Hotellerie und ein großes Freibad.

Sehenswert ist die romanische *Klosterkirche* von 1180 mit einer farbigen Darstellung des Lebensbaums auf dem Fußboden. An der Straße nach Wernigerode steht die *Klosterkirche Drübeck*, im Jahr 960 erbaut und damit eine der ältesten romanischen Kirchen im Harz. Historischen Eisenkunstguss können Sie in der *Fürst-Stolberg-Hütte (Führung Mo–Fr 10 und 14 Uhr, Verkauf von Ofenplatten, Schmiedestr. 16)* sehen, wo noch heute Öfen hergestellt werden. Im *Hüttenmuseum (Di–Fr 10–16, Sa 9–12, So 13.30 bis 16.30 Uhr, Marienhöferstr. 9)* sind Geschichte von Stadt und Hütte mit Modellen und Dokumenten zum seit 1820 betriebenen Kunstguss zu sehen. Das fürstlich restaurierte Landhaushotel *Zu den Rothen Forellen (52 Zi., Marktplatz 2, Tel. 039452/93 93, Fax 93 99, rotforelle@aol.com,* €€€*)* ist ein Treff für Gourmets, mit Seeblick. Einfacher wohnen Sie ganz am Ortsrand im Ilsetal im *Waldhotel am Ilsestein (44 Zi., Schwimmbad, Tel. 039452/95 20, Fax 952 66, Kinder bis 9 J. frei,* €*)*.

Insider Tipp

Die sanfte Annäherung

Von grünen Bergrücken hinein in dichte Buchenwälder und zu weißen Felsen wandern

Die Farben des Südharzes sind hell und bunt. Sie lassen im Frühling das Herz aufgehen, wenn durch das helle Grün des frischen Buchenlaubs die Sonne scheint und darunter Bärlauch, Anemonen, Schlüsselblumen und kleine Leberblümchen einen blühenden Teppich bilden. Im Sommer spürt man die Wärme auf der Haut, leuchten aus dem dichten Wald die reifen Getreidefelder und Obstwiesen heraus, bis sich im Herbst das Grün in einen Farbenrausch verwandelt. Hier schlägt man eine ruhige Gangart ein, ohne dass Langeweile droht: Das Himmelreich bei Walkenried, die Einhornhöhle in Scharzfeld, Erlebnisbäder über und Bergwerke unter Tage sind zu entdecken.

Bad Grund

[106 B6] Die älteste der sieben Bergstädte (3000 Ew.) liegt als langer Häuserwurm im Tal unter den steilen Berghängen des Ibergs und des Hübichensteins. Deren weiße Kalkfelsen schauen aus dem Grün der Buchenwälder heraus. Die Stadt besitzt ein Moorheilbad und heilt Asthmatiker durch Höhlentherapie im Eisenstein-Stollen.

Idyllische Lage: Hotel am Wiesenbeker Teich bei Bad Lauterberg

MUSEEN

Bergmuseum Knesebeckschacht
An die gut 500-jährige Bergbaugeschichte, die 1992 zu Ende ging, erinnern die modernen Förder- und Schachtanlagen des Museums. *April–Okt. Di–So 10–16 Uhr, Nov. bis März Do/So 10–16 Uhr, Führungen 10, 11, 14 u. 15 Uhr*

Uhrenmuseum
Eine der weltgrößten Sammlungen zeigt 1500 funktionsfähige Stücke von der Turmuhr bis zum Winzling. *Di–So 10–18 Uhr, Elisabethstr. 14*

ESSEN & TRINKEN ÜBERNACHTEN

Pension Bellevue
Unübersehbare Villa am Park im Harzer Holzbaustil mit Turm, Veranden und Mansardengiebeln. *17 Zi., Markt 13, Tel. 05327/838 40, Fax 83 84 13, €*

Hotel Waldwinkel
Das betont ländliche Hotel hat Restaurant und Bar und auch einen

kleinen Streichelzoo. *8 Zi., außerhalb von Bad Grund in Richtung Clausthal, Tel. 05327/12 80, Fax 28 14, €*

AUSKUNFT

Bad Grund Touristik GmbH
Elisabethstr. 1, 37539 Bad Grund, Tel. 05327/70 07 10, Fax 70 07 77, www.harzweb.de/bad-grund, Mo bis Fr 9–17, Sa 9–12 Uhr

ZIELE IN DER UMGEBUNG

Iberg **[106 B6]**
★ Auf dem 563 m hohen Berg vor den Toren des Ortes steht der *Albertturm,* ein Aussichtsturm, an dem im Sommer sonntags um 16 Uhr *Schneeballschlachten* stattfinden. Der Schnee wird im Winter in einer Erdgrube eingelagert. Im Berg befindet sich die berühmte, 123 m lange *Tropfsteinhöhle (April–Okt. tgl. 9–16.30, Feb./März Di–So 10 bis 15, Nov. Di/Do 10–12.30, Fr–So 10–15.30, Dez./Jan. Do u. So 10 bis 15.30 Uhr)* mit bizarren Formen.

Der sagenumwobene *Hübichenstein* nahebei ist ein versteinertes, 50 m hohes Korallenriff. Unter ihm lebte der Zwergenkönig Hübich mit seinem Volk, die den Bewohnern des Tals nur Gutes taten, bis im Dreißigjährigen Krieg der Felsen beschossen wurde und die Zwerge für immer verschwanden. Am Hübichenstein beginnt ein Rundweg durch das 1,5 km^2 große *Arboretum* mit Bäumen und Sträuchern aus aller Welt.

Seesen **[106 B4]**
Die Stadt breitet sich vor dem Harz mit rechtwinklig angelegten Straßen aus, an denen malerische Bürgerhäuser mit bunten Schmuckgiebeln und schlichtem, ländlichem Fachwerk stehen. Die *Barockkirche* dient als Konzertsaal, in dem auch weltberühmte Orchester auftreten. Der in Seesen geborene Heinrich Steinweg, später Henry Steinway, baute hier 1836 sein erstes Klavier.

In den 1. Stock des historischen Braut- und Hochzeitshauses ist der neue, im alten Stil gehaltene *Ratskeller (Wilhelmsplatz 5, Tel. 05381/55 66, €)* eingezogen. Im Hotel *Zum Alten Fritz (27 Zi., Frankfurter Str. 2, Tel. 05381/949 30, Fax 94 93 40, €€)* wohnen Sie in einem historischen Fachwerkhaus. Auskunft: *Marktstr. 1, Tel. 05381/752 43, Fax 752 61, Mo–Fr 9–12, 14–17 Uhr.* Bunt und lebendig wird es im September zum Sehusa-Fest. Seesen ist 15 km von Bad Grund entfernt.

Im Pfarrhaus des 6 km entfernten *Mechtshausen* verbrachte der Zeichner Wilhelm Busch seine letzten Lebensjahre. Ein *Museum (Di–So 14–16 Uhr)* erinnert an ihn.

BAD LAUTERBERG

[111 D–E4] Die alte Bergbaustadt (13 000 Ew.) ist heute Heilbad für Kneipp- und Schrothkuren mit zahlreichen Kurkliniken und bietet gute Einkaufsmöglichkeiten. Sie liegt 3 km lang im engen Odertal, dessen Hänge mit jedem Schritt weiter in den Harz hinein steiler und höher werden. Von der Stadt sind Wald und Wiesen nicht mehr als 5 Min. zu Fuß entfernt. Auf dem 422 m hohen *Hausberg (Sessellift, Gaststätte)* liegt einem der Ort regelrecht zu Füßen. Eisen und Kupfer wurden bis ins 19. Jh. abgebaut.

MUSEEN

Königshütte
Die 1733 gegründete Hütte mit gusseisernem Hüttenbrunnen und Direktionshaus war eine bedeutende Eisengießerei. *Führungen im Hüttengelände und durch das Eisenhüttenmuseum am 2. und 4. Di im Monat, Tel. 0551/770 06 83*

Museumsbergwerk Scholmzeche
Gegenüber dem Kurpark kann ein 200 m tiefer Eisenstein-Suchstollen begangen werden, der von Hand ausgeschlagen und durch ein System aus ausgehöhlten Baumstämmen entwässert wurde. *Di, Fr, Sa 15 u. 16, Nov.–März Fr/Sa 15 Uhr*

ESSEN & TRINKEN ÜBERNACHTEN

Kurhaus Restaurant
Am Kurpark gelegen, mit Panoramablick. *Ritscherstr. 2, Tel. 05524/33 30, €–€€*

Panoramic
Hotelhochhaus mit 300 Apartments, Bad, Gaststätten, Shops. *Dietrichstal 1, Tel. 05524/96 20, Fax 96 26 32, €€*

Kurhotel Riemann
Solide und gutbürgerlich. *28 Zi., Promenade 1, Tel. 05524/927 90, Fax 34 48, €–€€*

Wiesenbeker Teich
Kneipp- und Schrothhotel, ruhige Lage direkt am Wasser. *33 Zi., Am Wiesenbeker Teich, Tel./Fax 05524/29 94, €€*

FREIZEIT & SPORT

Kirchberg-Therme
Badevergnügen auf über 3000 m² eingebettet in eine subtropische Pflanzenwelt. *Mo–Sa 10–22.30, So 9–22.30 Uhr*

Vitamar Erlebnisbad
Riesiger Wasserspaß mit Wellenbad, »Powersteilrutsche«, Saunen. *Masttal 1, Mo–Fr 9–22, Mi ab 7, Sa/So 9–21 Uhr*

AUSKUNFT

Kurverwaltung
Haus des Gastes, Ritscherstr. 4, 37431 Bad Lauterberg, Tel. 05524/920 40, Fax 55 06, www.badlauterberg.de, Mo–Fr 8.30–12, 14–17, Sa 9–12, So 10–12 Uhr

Marco Polo Highlights »Der Südharz«

★ **Iberg**
Schneeballschlachten und Tropfsteinhöhle (Seite 48)

★ **Großer Knollen**
Phantastische Sicht über den Südharz (Seite 50)

★ **Osterode**
Stimmungsvolle Fachwerkstadt an der Söse (Seite 53)

★ **Kloster Walkenried**
Mächtige Ruine mit gotischem Kreuzgang (Seite 53)

Das Schloss in Herzberg ist eine ehemalige Residenz der Welfenherzöge

ZIELE IN DER UMGEBUNG

Großer Knollen [111 D3]

★ Die 687 m hohe Kuppe mit *Aussichtsturm* und *Bewirtschaftung (Mo geschl.)* bietet einen ausgezeichneten Blick über den Südharz. Ein 7 km langer Wanderweg führt von Bad Lauterberg hierher. Außerdem Insider Tipp Rundweg durch das Grade Luttertal (blauer Punkt) und zurück auf der Höhe über das Knollenkreuz (blauer Balken).

Herzberg [110 C–D4]

Weithin sichtbar auf dem Berg steht das *Welfenschloss* über der Landstadt (16 500 Ew.), die am Talausgang der *Sieber*, 10 km von Bad Lauterberg entfernt, liegt. Der heutige Renaissancebau stammt von 1510, in dessen Stammbau sind ein Restaurant und ein *Museum (Di–So 10–13, 14–17, Nov.–März Di–Fr 11–13, 14–16 Sa/So bis 17 Uhr)* untergebracht. Sehenswert ist dort die Zinnfigurenausstellung mit 104 Bildern zur deutschen Geschichte, dazu Objekte zur Forst- und Bergbaugeschichte. Am Eingang zur Altstadt steht der *Gasthof zum Schloss (20 Zi., Tel. 05521/899 40, Fax 89 94 38, €€)* mit kreativer, regionaler Küche. Richtung Sieber steht mitten im Wald das *Gasthaus Paradies (12 Zi., Tel. 05521/24 83, Fax 26 44, www.hotel.zum.paradies.harz.de, €€)*, eine ehemalige Mühle, mit hervorragender Küche. Auskunft: *Touristik und Kulturinformation, Marktplatz 30, 37412 Herzberg, Tel. 05521/85 21 11, Fax 85 21 20, www.herzberg.de*

An der Straße in das Walddorf *Lonau* **[111 D3]** mit Auerhuhngehege, Rangerstation des Nationalparks und Wanderung zur *Hanskühnenburg* lohnt der Abstecher zum Lonauer Wasserfall.

Scharzfeld [111 D4]

Ein schmaler Hügelrücken bildet 4 km vor Bad Lauterberg die letzten, recht schroffen Ausläufer des Harzes. Von der Dorfmitte führt ein kurzer Weg zur *Steinkirche (frei zugänglich)*, einer Höhle, die im Mittelalter zum Kirchenraum erweitert wurde. Die 600 m lange *Einhornhöhle (Führungen April bis Okt. tgl. 9.30–17.30 Uhr)* ist auf 360 m zugänglich. Ihre Entdecker glaubten 1541 mit den reichlich vorhandenen Knochen das Skelett des Einhorns gefunden zu haben. Die Reste wurden pulverisiert und als Stärkungsmittel angesehen. Tiefer im Wald steht die *Ruine Scharzfels (frei zugänglich, Waldgaststätte)*, die bis zu ihrer Sprengung 1757 durch die Franzosen eine der mächtigsten Harzburgen war.

Sieber **[111 D3]**
Das lang gezogene Dorf im Tal besitzt einen attraktiven *Spielplatz* mit Riesenrutsche, ein solarbeheiztes Freibad und ist Ausgangsort für Wanderungen. Sieber ist 22 km von Bad Lauterberg entfernt. Auskunft: *Kurverwaltung, 37412 Sieber, Tel. 05585/322, Fax 85 21 20*

BAD SACHSA

[111 E–F5] Der Ort (8800 Ew.) hat durch die vielen in den Siebzigerjahren neu errichteten Kuranlagen an Attraktivität verloren. Die sonnige Lage am Fuße des Ravensberges entschädigt dafür. Der heilklimatische Kurort hat ein beheiztes Waldschwimmbad.

SEHENSWERTES

Harzfalkenhof
Auf dem Katzenstein etwas außerhalb steht dieser Falkenhof mit Eu-

Der Harz – literarisch gesehen

Nicht nur einen Goethe hat diese Landschaft inspiriert

Das Mittelgebirge war immer auch ein Anziehungspunkt für Dichter. Johann Wolfgang von Goethe bestieg 1777 den Brocken, und die Mystik dieses Berges spiegelt sich in der Walpurgisnacht-Szene im »Faust« wider. Joseph von Eichendorff führte 1805 ein Harzreise-Tagebuch, der Däne Hans Christian Andersen (»Reiseschatten«, 1831) war hier, und auch Hermann Löns verließ seine Heide. Heinrich Heine stieg »in die schmutzigste und unerfreulichste Carolina, die ich je kennen gelernt habe« – er meinte die gleichnamige Grube in Clausthal. Seine »Harzreise« (1824) ist ein einfühlsames Zeitdokument und auch heute noch wunderbar zu lesen. 170 Jahre später (1992) veröffentlichte Ernst Stolte seine Biografie einer Harzer Familie über mehrere Generationen hinweg: »Dornenpfad und Himmelsleiter«. Allen wanderlustigen Harzbesuchern sei das köstliche Buch von Thomas Rosenlöcher empfohlen: »Die Wiederentdeckung des Gehens beim Wandern«.

len und Greifvögeln. *April–Okt. tgl. 10–17 Uhr; tgl. Flugvorführungen*

Märchengrund

Am Weg zum *Ravensberg* (660 m, weite Aussicht bis zum Thüringer Wald, *Gaststätte)* liegt der Märchenpark mit 80 Jahre alten mechanischen Figuren *(Di–So 10–18, Nov.–März 10–17 Uhr).*

ESSEN & TRINKEN ÜBERNACHTEN

Hotel Romantischer Winkel

Fünfsternehaus, römische Badelandschaft nur für Gäste, Restaurant. *77 Zi., Bismarckstr. 23, Tel. 05523/30 40, Fax 30 41 22, Restaurant €€, Hotel €€€*

FREIZEIT & SPORT

Salztal-Paradies

Erlebnisbad mit Sonnenlandschaft, Badegrotte, Duftgarten; Hallen für Tennis, Squash, Badminton, Indoorgolf. *Tgl. 9–22 Uhr, Talstr. 28, Tel. 05523/95 09 02 u. -08 (Hallen)*

AUSKUNFT

Kurverwaltung

Am Kurpark 6, 37441 Bad Sachsa, Tel. 05523/300 90, Fax 30 09 49, www.badsachsainfo.de, Mo–Fr 8 bis 20, Sa/So 9–16 Uhr

ZIELE IN DER UMGEBUNG

KZ-Gedenkstätte Dora **[112 B4]**

Nach der Bombardierung der Raketenversuchsanstalt in Peenemünde wurden in unterirdischen Stollen des Kohnsteins V1- und V2-Raketen von Häftlingen und Zwangsarbeitern aus ganz Europa gebaut. Zum Lager Dora Mittelbau gehörten über 30 Rüstungsbetriebe im Harz, von 60 000 Menschen wurden über 20 000 Opfer der »Vernichtung durch Arbeit«. Die Gedenkstätte ist 20 km von Bad Sachsa entfernt. *Tgl. 10–18, Okt.–März 10–16 Uhr*

Ilfeld **[112 C3]**

Die Kleinstadt liegt 18 km von Bad Sachsa entfernt am Talausgang der Bere, die ein Durchbruchstal mit steilen Kuppen und roten Porphyrwänden bildet. Hier befindet sich das größte zusammenhängende Gebiet im Harz, das vulkanischen Ursprungs ist. Das 1189 gestiftete *Kloster* wurde nach der Reformation eine der größten evangelischen Klosterschulen in Deutschland (jetzt Klinik). Beim *Bahnhof* erwarten Sie eine *Ausflugsgaststätte (Di geschl.)* und das *Besucherbergwerk Rabenstein (Di–So 10–16 Uhr),* die einzige Steinkohlengrube im Harz.

Nordhausen **[112 C4–5]**

1945 wurde die Industriestadt (47 000 Ew.; Maschinenbau, Tabakverarbeitung, Kornbrennerei), 24 km von Bad Sachsa entfernt, stark zerstört. Kirchen, Stadtmauern und Türme blieben erhalten. Vor dem Renaissance-Rathaus steht das Symbol für städtische Rechte und Freiheiten, der *Roland,* rot und aus Holz. Unter dem *Dom* befindet sich eine romanische *Krypta.* In ruhiger Lage liegt das Hotel *Am Stadtpark* mit Restaurant *(31 Zi., Parkallee, Tel. 03631/98 21 75, Fax 98 21 04, €–€€).* Das *Touristinformationszentrum (Bahnhofsplatz 3a, 99734 Nordhausen, Tel. 03631/90 21 54, Fax 90 21 53)* wurde im Jugendstil-Bahnhof der Harzquerbahn eingerichtet.

Walkenried **[111 F5]**
★ Eines der ersten Zisterzienserklöster (1127) in Deutschland ist nur 7 km von Bad Sachsa entfernt. Durch Schenkungen wurde das Kloster schnell reich. Reformation und Ausplünderung im Bauernkrieg 1525 führten zum Niedergang. 1710–1817 diente es als Steinbruch, nur der gotische Kreuzgang, das Brunnenhaus, Kapitel- und Brüdersaal blieben gut erhalten. Gigantische Mauerreste machen die Größe der Kirche sichtbar. Insider Tipp Im Sommer Konzerte im Kreuzgang. *Führungen von Beginn der niedersächsischen Osterferien bis Ende der Herbstferien Mo–Sa 10–12, 14–17, So 12–17 Uhr, im Winter Sa/So 14–15 Uhr.* Vor der Kirche beginnt der ausgeschilderte Klosterpfad zum Wald über dem Steilufer der Wieda. Ein Rundweg (31 P) führt zum *Himmelreich*, an dessen Felswände sich uralte Bäume klammern. Auskunft: *Touristinformation, Pfarrplatz 4, Tel. 05525/357, Fax 05586/96 60 60*

Auch die Reste des Klosters Walkenried sind noch imposant

OSTERODE

[110 B–C 2–3] ★ Die 26 500-Ew.-Stadt liegt am Fuß des Harzes an der Söse. Reste der Stadtmauer umgeben die Altstadt, die zahlreiche gut erhaltene Fachwerkhäuser aus dem 16.–18. Jh. besitzt. Am Kornmarkt steht eines der schönsten: das *Rinnesche Renaissancehaus*. Die *Ratswaage* war Fest- und Hochzeitshaus. Eine schöne Aussicht auf die Stadt bietet die *Alte Burg* auf der anderen Seite der Söse. Der Sösestausee vor den Toren ist ein kleines Paradies für Angler und Vogelkundler.

ESSEN & TRINKEN

Hotel Harzer Hof
Zünftiges Haus mit Biergarten an der Sösepromenade. Dazu 31 schöne Zimmer. *Bahnhofstr. 26, Tel. 05522/909 00, Fax 90 90 90, €*

Ratskeller
In ebenerdigen Gewölben aus dem 14. Jh., rustikal eingerichtet, gutbürgerliche Küche. *Martin-Luther-Platz 2, Tel. 05522/64 44, €*

AUSKUNFT

Touristinformation
Dörgestr. 40, 37520 Osterode, Tel. 05522/68 55, www.osterode.de, Mo–Fr 10–18 (Do 19), Sa bis 13 Uhr

In Serpentinen zu den Bergstädtchen

Wo das Klima reizt und die Aussicht lockt

Dunkle Wälder und rauschende Bäche, Felsklippen und Blockfelder, Bergwiesen und Moore sind die Elemente der Oberharzer Landschaft. Im Hochsommer ist die Luft im Oberharz leicht, die Sonne wärmt, ohne zu braten. Im Winter ist er schneesicher und viel sonniger als das Umland. Der Oberharz ist für viele Harzbesucher der eigentliche Harz, der vom mächtigen Brocken und den niedrigeren Gipfeln im Dreieck St. Andreasberg, Braunlage und Torfhaus beherrscht wird. Umgeben sind sie von ausgedehnten Mooren, in denen fast alle größeren Bäche und Flüsse des Harzes entspringen und mit Ausnahme der Sieber in ihrem Oberlauf aufgestaut sind. Bis zum Höhenzug von Bruchberg und Acker reicht das Kerngebiet des Nationalparks. Westlich schließt sich die Clausthaler Hochebene mit vielen Teichen und dem malerischen Innerstetal an. Die reichen Erzminen der sieben Oberharzer Bergstädte sind meist technische Museen geworden. In Brauchtum und Festen ist die Bergbautradition noch lebendig, wenn Knappen und Steiger in schmucken Uniformen auftreten.

Unverbaute Stadt in Hochlage: St. Andreasberg

Im wildromantischen Okertal

Altenau

[107 D6] Die holzbeschlagenen Bergarbeiterhäuser längs der krummen Gassen stehen geduckt unter dem Glockenberg, wo die Hochhaus Skyline des Ferienparks in den Himmel ragt. Gut ausgebaute Sport- und Freizeitanlagen, eine attraktive Umgebung mit der Okertalsperre, dem Polstertal mit vielen ehemaligen Gruben und dem nur 8 km entfernten Torfhaus haben Altenau (2400 Ew.) zu einem der meistbesuchten Orte im Harz gemacht.

Essen & Trinken Übernachten

Jugendherberge

Ganz oben am Waldrand. *168 Betten, Auf der Rose 11, Tel. 05328/361, Fax 82 76*

Parkhaus
Typisches Harzer Haus in der Ortsmitte mit Schindeln, Kamin, Garten und Restaurant. *9 Zi., Markt 3, Tel. 05328/980 00, Fax 18 04, Restaurant €–€€, Hotel €*

FREIZEIT & SPORT

Aqua Polaris
Hallenwellenbad mit Rutsche, Whirlpool, Eislaufhalle das ganze Jahr über, Hallenbad und Saunarium. *Mo 14–20, Di–Fr 9.30–20, Sa/So 10–18 Uhr; Eissporthalle Mo 14–16, 16.30–18.30, Di–So 10–12, 14–16, 16.30–18.30 Uhr, Mi 20–22 Uhr »Disco on the Rocks«*

AUSKUNFT

Kurgastzentrum
Hüttenstr. 9, 38707 Altenau, Tel. 05328/80 20, Fax 802 38, Mo–Fr 8–17 (Ferien bis 18 Uhr), Sa 10–12, Juli–Aug. auch So 10–12 Uhr, www.harztourismus.com

ZIELE IN DER UMGEBUNG

Okertal **[107 E5]**
★ An der *Romkerhalle* mit dem künstlich geschaffenen *Wasserfall* und dem echt kitschigen *Ausflugslokal* verengt sich das Tal. Die Oker stürzt über Blöcke und Felsen, bildet ruhige, tiefe Wasserbecken und dann wieder Kaskaden – ideal für Insider Tipp Wildwasserkanu. Der Wanderweg (6 F) bleibt meist unmittelbar am Wasser und bietet großartige Aussichten auf die Granittürme an den Hängen, die beliebt bei Alpinkletterern sind.

Okertalsperre **[107 D–E5]**
Am Pavillon Weißwasserbrücke in Altenau startet die MS »Aquamarin« zu 1- bis 2-stündigen Rundfahrten *(April–Okt.)* auf dem Stausee, *www.okersee-schiffahrt.de*

Schulenberg **[107 D5]**
Ursprünglich stand der Ort im Okertal am Grund der heutigen Talsperre. Schulenberg ist durch das »Ski-Alpinum« am Großen Wiesenberg (645 m) mit zwei Doppelliften und vier Abfahrtspisten aller Schwierigkeitsgrade im Winter sehr besucht. Ebenso bekannt sind die Riesenwindbeutel im *Landgasthaus Tanneck (Tel. 05329/819, Mo geschl., €)* über der Okertalsperre, die es auch mit salzigem Inhalt gibt. Tourist-Information: *Wiesenbergstr. 16, Tel. 05329/848, Fax 849*

Torfhaus **[107 E6]**
Die Antennen des Senders Torfhaus sind eine unübersehbare Landmarke. Das einsame Forsthaus von einst, das den Torfstechern Quartier bot und von dem Goethe 1777 mit Förster Degen zum Brocken aufbrach, ist heute einer der Superrummelplätze. Der Riesenparkplatz ist Treff der Biker, Wohnmobilcamper und Hauptausgangsort für Brockenwanderer. Bei klarem Wetter ist der Blick auf den Brocken und hinunter ins Vorland beeindruckend. Am Torfhaus, 7 km von Altenau entfernt, beginnen der Brockenaufstieg über den *Goetheweg* (2,30 Std.) und ein *Rundwanderweg* um das Große Torfhausmoor (1,30 Std.). Das Insider Tipp *Nationalpark-Haus (tgl. 9–17, Nov.–März 10–16 Uhr)* informiert multimedial über Moor und Waldwildnis, dazu ein Waldlehrpfad und Naturerlebnisse für Kinder. Die *Jugendherberge (174 Betten, Torfhaus Nr. 3, Tel. 05320/242, Fax 254)* liegt super

und ist gut ausgestattet. *Busverbindung stündlich von Bad Harzburg nach Braunlage, auch ab Altenau; der Bus nimmt Skier und Fahrräder mit*

BRAUNLAGE

[111 F2] Aus dem noch vor 150 Jahren kleinen, abgelegenen Holzfäller- und Kohlenbrennerdorf mit 800 Seelen ist der größte und lebhafteste Ferienort (5800 Ew.) im Oberharz geworden. Er liegt im weiten Hochtal der Warmen Bode am Fuß des Wurmbergs, des zweithöchsten Berges im Harz. 1883 stellte hier Oberförster Arthur Ulrichs sich und seine Waldarbeiter auf selbst gebaute Skier, 1892 wurde der erste Skiklub Deutschlands gegründet. Ein sehenswertes Stück des alten Ortes ist neben einigen schönen Fachwerkhäusern die neugotische, mit Holz verkleidete *Trinitatiskirche.* Das kulturelle Angebot ist breit gefächert, und es gibt zahlreiche Sporteinrichtungen.

MUSEUM

Heimatmuseum Braunlage
Interessante Abteilung über die Anfänge des Skisports. *An der Kurpromenade, Di/Fr 10–12 Uhr*

ESSEN & TRINKEN ÜBERNACHTEN

Concordia
Fünf vorzüglich ausgestattete Apartments (Kabel-TV, Fax, Bademantel) am Fuß des Wurmbergs in großem Garten. *Am Fichtenhang 1, Tel. 05520/931 10, Fax 93 11 11, www.braunlage.de/concordia,* €€

Landhaus Foresta
Naturholz und Stein am Waldrand. Sauna, Whirlpool, Garten, Restaurant. *22 Zi., 3 Apts., Am Jermerstein 1, Tel. 05520/932 20, Fax 93 22 13,* €€

Jugendherberge
Am Ortsrand Richtung Odertal. *130 Betten, Von-Langen-Str. 28, Tel. 05520/22 38, Fax 15 69*

MARCO POLO Highlights »Der Oberharz«

★ **Clausthal-Zellerfeld**
Die Marktkirche ist die größte Holzkirche Deutschlands; Interessantes zum Bergbau im Oberharzer Bergwerksmuseum (Seite 58, 59)

★ **Okertal**
Eine schöne Wanderung führt durchs Tal (Seite 56)

★ **Dicke Tannen**
Faszinierende Baumriesen im Wolfsbachtal (Seite 63)

★ **St. Andreasberg**
Alter Bergbauort, die Grube Samson geht tief in die Erde (Seite 63)

★ **Rehberger Graben**
Wanderung am Wasserkanal der Bergleute (Seite 65)

Romantik-Hotel Zur Tanne
Gepflegtes Hotel in historischem Haus. Drei Restaurants mit Harzer Küche und feinen Gerichten. *22 Zi., Herzog-Wilhelm-Str. 8, Tel. 05520/ 931 20, Fax 39 92, Restaurants €–€€€, Hotel €€–€€€*

Waldfrieden
Harzhaus mit Garten, Vollwertkost, vegetarisch; Säfte, Salate für Hausgäste. *11 Zi., Bismarckstr. 3, Tel. 05520/586, Fax 929 93, €*

FREIZEIT & SPORT

Eislaufstadion
Di–Sa 10–12, 14–16, So 10–12, 13–15, 15.30–17.30, Mi/Sa auch 20–22 Uhr, ganzjährig geöffnet

Hallenbad
Mit Sauna *(Mo–Fr 9–12.30, 14 bis 18.30, Sa 9–18.30, So 9–17 Uhr)*

AUSKUNFT

Kurverwaltung
Elbingeröder Straße 17, 38700 Braunlage, Tel. 05520/930 70, Fax 93 07 20, www.braunlage.de, Mo bis Fr 7.30–12.30, 14–17, Sa 9.30 bis 12 Uhr

ZIEL IN DER UMGEBUNG

Wurmberg **[108 A5]**
971 m hoch ist Niedersachsens höchster Berg, der dank der Sprungschanze die 1000-m-Marke erreicht. In vorgeschichtlicher Zeit galt er als heiliger Berg. Zum Gipfel führt die 80 m lange »Hexentreppe«. Auf dem Gipfel sind noch Reste eines Ringwalls und ein Steinweg zu erkennen. Am schnellsten erreicht die *Kabinenseilbahn (tgl. 9.10–16.30 Uhr, Zwischenstation am Rodelhaus)* den Gipfel. Die Wege zum Wurmberg werden im Winter zum Teil für Wanderer freigehalten, andere dienen als Loipen und Abfahrtspisten.

CLAUSTHAL-ZELLERFELD

[106–107 C–D6] Die beiden zur Doppelstadt (16 400 Ew.) zusammengewachsenen Bergstädte waren schon zur Zeit ihrer Gründung im 15. Jh. die Hauptorte des Oberharzer Bergbaus mit Münzrecht und seit 1775 der Bergakademie Clausthal – heute Deutschlands kleinste Technische Universität mit bedeutendem Forschungszentrum. Clausthal ist der größere Ort. Zellerfeld wurde nach dem Stadtbrand von 1672 mit breiten, baumbestandenen Straßen wieder aufgebaut.

SEHENSWERTES

Altstadt Clausthal
Im Zentrum stehen um den ehemaligen Markt *Oberbergamt, Bergakademie, Pastorenhäuser* und die ehemalige *Münze,* alles repräsentative Gebäude im harztypischen Holzbaustil, und die 1639–42 errichtete ★ *Marktkirche,* Deutschlands größte Holzkirche mit 2200 Sitzplätzen.

Zellerfeld
In der *St. Salvatoriskirche,* einem Natursteinbau, der im 19. Jh. zur neugotischen Hallenkirche ausgebaut wurde, sind der Taufengel und die Orgel aus dem 17. Jh. sehenswert sowie der 1993–96 von Wilhelm Tübke geschaffene Flügelaltar. Insider Tipp

Die *Bergapotheke* (1674) gegenüber wird wegen ihrer 66 holzgeschnitzten Gesichter auch »Fratzenapotheke« genannt.

In der ehemaligen Zellerfelder Münze ist der *Kunsthandwerkerhof* mit Töpferei, Glasbläserei und dem *Café Sti(e)lbruch* untergebracht.

MUSEEN

Oberharzer Bergwerksmuseum

★ Das älteste (1892) und bedeutendste Technikmuseum Niedersachsens zeigt auf vielfältige Weise über und unter Tage den Harzbergbau vom Mittelalter an, wie die 1833 hier erfundene »Fahrkunst«, die den Auf- und Abstieg auf Leitern ersetzte. Der Rundgang führt in einen 250 m langen Stollen, über Tage fährt die Grubeneisenbahn zum Ottiliae-Schacht. *Tgl. 9 bis 17 Uhr, Fahrtermine Mai–Okt. Sa/So 11 u. 14.30 Uhr, Zellerfeld, Bornhardstr. 16*

Imaginäres Museum Insider Tipp

Im Dietzelhaus, das allein wegen seiner Innenräume von 1673 den Besuch lohnt, sind 500 Repliken von Werken alter und neuer Meister zu sehen – in der von Günter Dietz ausgeführten Faksimiletechnik. *Di–So 10–17 Uhr, Zellerfeld, Bergstr. 31, www.imaginaeres-museum.de*

Harzer Klöppelmuseum

200 Jahre Klöppelkunst. Demonstrationen der filigranen Knüpftechnik und Kurse im *Haus des Gastes,* Ortsteil Buntenbock. *Tgl. 10 bis 17 Uhr, Alte Fuhrherrenstr. 5*

Mineraliensammlung Insider Tipp

Zweitgrößte europäische Mineraliensammlung mit über 120 000 Exponaten, im Hauptgebäude der Technischen Universität. *Mo 14–17, Di–Fr 9–12 Uhr, Adolph-Roemer-Str. 2 a, www.tu-clausthal.de/mineral*

Deutschlands größte Holzkirche: die Marktkirche in Clausthal

ESSEN & TRINKEN ÜBERNACHTEN

Insider Tipp **Parkhotel Calvör**
Historisches Haus, geschmackvoll mit Naturmaterialien modernisiert. Restaurant, Gewölbebar. *35 Zi., Zellerfeld, Treuerstr. 6, Tel. 05323/ 95 00, Fax 95 02 22,* **€€**

Jugendherberge
Im Wald, Bus ins 2,5 km entfernte Zentrum. *122 Betten, Altenauer Str. 55, Tel. 05323/842 93, Fax 838 27*

Landhaus Kemper
Ganz in Holz und ohne Plüsch mit Möbeln des 19. Jhs., in der *Galerie Primavera* Kunstausstellungen und Workshops. Restaurant mit regionaler, ökologisch orientierter Küche. *11 Zi., Buntenbock, An der Trift 19, Tel. 05323/17 74, Fax 45 29, www.landhaus-kemper.harz.de,* **€€**

Museumsgaststätte
Bergbau-Ambiente, Harzer Küche mit Wild und Forellen. *Zellerfeld, Bornhardstr. 14, Tel. 05323/822 61,* **€–€€**

Waldhotel Untermühle
Alte Wassermühle im Wald, nahebei Bade- und Angelteiche. Im Angebot Forellen und Wild. *12 Zi., Tel. 05323/ 98 30 98, Fax 98 30 97, unter muehle@harz.de,* **€**

AUSKUNFT

Kur- und Touristinformation
Bahnhofstr. 5 a, 38678 Clausthal-Zellerfeld, Tel. 05323/810 24, Fax 839 62, Mo–Fr 9–18, Sa 10–12.30, Nov.–Mitte Dez. nur Mo–Do 9–17, Fr 9–13 Uhr

ZIELE IN DER UMGEBUNG

Bocksberg **[106–107 C–D5]**
Auf den 726 m hohen Bocksberg führen sechs Wege und eine Kabinenseilbahn. Sie überwindet 164 m Höhenunterschied in nur 10 Minuten. Oben gibt es einen hölzernen *Aussichtsturm* und das Ausflugslokal *Bocksbergshütte.*

Hahnenklee-Bockswiese **[106 C5]**
Die zwei zusammengewachsenen Ortsteile (1400 Ew.), 15 km von

Der Brocken live

Mit der Webcam auf dem Berg

Blitz, Donner, Sturm, Schneegestöber, sibirische Nächte und präzise Daten zu Temperatur, Luftfeuchtigkeit, Windgeschwindigkeit, Schneehöhe können Sie auf Ihren Bildschirm holen. Alle 10 Minuten werden die Außenkameras aktualisiert. Nachts sehen Sie schwarz, am Tag oft Nebel, Züge ankommen und abfahren, bei gutem Wetter haben Sie Fernsicht. Aber gehen Sie trotzdem rauf auf den Brocken, frieren und schwitzen Sie, und stellen Sie sich vor die Kamera. Sie sind dann worldwide im Web. Toll! *www.harztourist.de* und außerdem der Blick zum Brocken bei *www.harzart.de/brockenkam*

Clausthal-Zellerfeld, liegen auf 600 bis 726 m Höhe inmitten von Wäldern und Teichen. Früher wurden hier Blei- und Silbererze abgebaut, jetzt ist der Fremdenverkehr Haupteinkommensquelle. Viele Besucher mögen den recht modern anmutenden Kur- und Wintersportort mit Natureisbahn im Kurpark und Eisstockschießen. Das Wahrzeichen der Stadt ist die nordische *Stabkirche* (ev.-luth. Gustav-Adolf-Kirche, 1907–08, zwölf »Stäbe« bestimmen die Grundkonstruktion).

In der *Residenz altes Rathaus* (*Hahnenklee, Rathausstr. 16, Tel. 05325/510 80, Fax 51 08 88, €–€€*) im denkmalgeschützten ehemaligen Rathaus sind elf gut ausgestattete Apartments eingerichtet. Liegewiese. Das *Hotel Café Erika (13 Zi., Hahnenklee, Parkstr. 12, Tel. 05325/20 51, Fax 32 51, hotel-erika@t-online.de, €–€€)* am Kranichteich wurde schon mehrfach für seine hervorragende Küche ausgezeichnet. Auskunft: *Kurverwaltung Hahnenklee, Kurhausweg 7, 38644 Hahnenklee, Tel. 05325/510 40, Fax 51 04 20, www.hahnenklee.de*

Ein Harzer Unikum: die nordische Stabkirche in Hahnenklee

Lautenthals Glück **[106 C5]**

Privates, eher freizeitorientiertes »Niedersächsisches Bergbaumuseum« zum historischen Silberbergwerk gleichen Namens (seit 1227) mit 15 m hohem, funktionstüchtigem Wasserkunstrad, Grubenbahn »Feuriger Elias«, Terramagica-Multivision, Bootsfahrt unter Tage (auch zünftige Untertage-Hochzeiten möglich). Ein oberirdischer Bergbaulehrpfad beginnt am Kranichsberg. Lautenthal ist 21 km von Clausthal entfernt. *Tgl. 10–17, im Winter bis 16 Uhr*

Oberharzer Wasserregal

In der Umgebung gibt es zahlreiche Gräben und Teiche. Das »Oberharzer Wasserregal« ist mit 75 Teichen, 500 km Gräben und 30 km Stollen zum Antrieb der Wasserräder im Bergbau auf der Clausthaler Hochfläche eines der eindrucksvollsten Zeugnisse des Bergbaus im Harz.

Wildemann **[106 C5]**

Die kleinste der sieben Oberharzer Städte (1300 Ew.). Der hübsche Ort schlängelt sich in 400 bis 600 m Höhe durch zwei Täler, in denen die Innerste und der Grumbachzufluss fließen, und ist 11 km von

Clausthal entfernt. Alter Mittelpunkt ist die fachwerkreiche *Bergkirche Maria Magdalena* auf dem Gallenberg. Der sagenhafte »wilde Mann« wies einst auf Silbervorkommen hin. Nach der Schließung der letzten Grube im Jahre 1924 setzt der Kneippkur- und Wintersportort auf Touristen.

Der *19-Lachter-Stollen (Führungen Mai–Okt. tgl. 11, 13, 14, 15.30, Nov.–Jan. 11, Feb.–April 11 und 14 Uhr)* im Ort ermöglicht bergmännisches »Einfahren«, was hier nicht mehr bedeutet, als zu Fuß in die alten Stollen zu gehen (auch im Rollstuhl möglich). Ein Lachter (1,92 m) ist die Einheit für den Abstand der waagerechten Entwässerungsschächte.

Auskunft: Kurgeschäftsstelle, Bohlweg 5, 38709 Wildemann, Tel. 05323/61 11, Fax 61 12

HOHEGEISS

[112 A–B 1–2] Das Bergdorf (1000 Ew.) liegt inmitten von Bergwiesen auf 570 bis 640 m Höhe. Bis 1989 verlief unmittelbar an den Häusern die innerdeutsche Grenze, die hier als breiter Streifen Wildnis noch erkennbar ist. Die hübsche *Holzkirche* steht an der höchsten Stelle, von wo der Blick weit über den Südharz geht. Im *Heimatmuseum (Mi und Sa 16–18 Uhr)* in der Alten Pfarre sind das Leben der früheren Bewohner, der Bergbau und die Geschichte der innerdeutschen Grenze dokumentiert. Im naturnahen *Kurpark* und auf den *Bergwiesen* (Naturschutzgebiet) blühen zwischen Mai und Juli zahlreiche Orchideen und Lilien. Im Winter gehört Hohegeiß zu den schneesicheren Orten mit Rodelbahn, Abfahrtspisten, Loipen und Winterwanderwegen.

ESSEN & TRINKEN ÜBERNACHTEN

Hotel Landhaus Dicke Tannen
Uriges Haus mit Restaurant mitten im Naturschutzgebiet. *25 Zi., Am Bohlweg 40, Tel. 05583/92 20, Fax 92 21 00, Restaurant €€, Hotel €*

Kleine Bleibe Insider Tipp
Ein nettes, altes Holzhaus, familiär geführt. Kleines, gemütliches Restaurant. *5 Zi., Hindenburgstr. 20, Tel. 05583/535, €*

Schmuckstück
In denkmalgeschütztem Fachwerkhaus im alten Ort. *4 Apts., Lange Str. 40, Tel. 0531/87 40 87, Fax 87 40 88, €*

Bei Wolfgang
Französische Küche und gutbürgerlicher Mittagstisch mit viel Wild. Der Wirt malt (Galerie) und singt zuweilen (reservieren). *Hindenburgstr. 6, Tel. 05583/888, €€*

Waldhaus Wolfsbachmühle
Mitten im Wald, dicht am Wintersportzentrum, steht das große Holzhaus. Eigene Fischteiche mit Lachsforellen, gutbürgerliche Küche. *7 Apts., Tel. 05583/625, Fax 626, €–€€*

AUSKUNFT

Kurverwaltung
Kirchstr. 15 a, 38700 Hohegeiß, Tel. 05583/241, Fax 12 35, Mo–Fr 7.30–12.30, 14–17, Sa 9.30–12 Uhr, www.hohegeiss.de

ZIELE IN DER UMGEBUNG

Dicke Tannen [112 A2]

★ Im *Wolfsbachtal* (Rundweg Nr. 5 bzw. Weg Nr. 29D, 3 Std.) stehen die wohl ältesten und mächtigsten Fichten im Harz. Es sind imposante Gestalten mit Moos- und Flechtenbärten.

Rothesütte [112 B2]

Erst 1679 wurde der mit 100 Einwohnern kleinste Ort im Harz gegründet. Er lag über Jahrzehnte im Sperrgebiet der DDR. Die Häuser stehen idyllisch in ihren Gärten. An die Vergangenheit als Köhlerdorf erinnern die Meileröfen am Weg zum *Kleinen Ehrenberg*. Wanderwege führen in den Südharz nach *Sülzhayn* ([112 B3], Alte Poststraße), auf dem Grenzwanderweg nach *Hohegeiß* (5 km entfernt) und nach *Sophienhof* [112 C2], einer Häusergruppe unter hohen Bäumen, umgeben von Bergwiesen und Wäldern. Hausmannskost und Kuchen erwarten Sie in der *Gaststätte Waldfrieden (Tel. 036331/482 06, €)*. Im *Gasthof Brauner Hirsch (10 Zi., 7 Apts., Tel./Fax 036331/481 44, €)* gibt es Wildgerichte, nebenan ein Eiscafé, für Übernachtungsgäste steht eine Sauna bereit.

ST. ANDREASBERG

[111 E3] ★ Der höchstgelegene Ort (550–720 m, 2600 Ew.) im Harz wurde 1489 von Bergleuten aus dem Erzgebirge gegründet, angelockt von den unerschöpflichen Mengen Silber. Sie gruben in 400 Jahren die tiefsten Schächte des Harzes. Der alte Ort mit seinen bunten holzbeschlagenen Häusern ist nicht durch monströse Betonbauten verschandelt, weil die Andreasberger den Massentourismus verschlafen haben. Die Häuser steigen von der Unterstadt längs der steilsten Stadtstraßen Deutschlands (18–20 Prozent) zur *Kirche* (1798) hinauf, einem großen klassizistischen Hallenbau. Der *Glockenturm* steht auf dem Glockenberg über der Stadt. St. Andreasberg war im 19. Jh. Hochburg der Kanarienvogelzucht mit bis zu 40 000 Harzer Rollern im Jahr. 1896 begann hier der Skisport. Seit 1994 ist die Stadt Sitz des Nationalparks Harz. Die »offene Werkstatt« in der Rathausscheune *(April, Juni, niedersächs. Sommerferien, Ende Aug.)* mit Ausstellung und Verkauf ist eine gute Gelegenheit, altes und neues Harzer Kunsthandwerk kennen zu lernen. Aus St. Andreasberg kommen Klöppelarbeiten und Holzschnitzereien.

Insider Tipp

MUSEEN

Grube Samson

★ Das historische, 810 m tiefe Silberbergwerk war von 1521 bis 1910 in Betrieb und besitzt die letzte noch betriebsfähige Fahrkunst der Welt, die 1837 den Auf- und Abstieg der Bergleute auf Leitern ersetzte. Die Besucher können in der Kunstradstube die 12 m großen funktionsfähigen Wasserräder besichtigen. Im Grubenhaus ist das Heimatmuseum mit Mineralien- und Münzensammlung, Bergmannsstube, Ausstellung über die Geschichte der Kanarienzucht, des Klöppelns und Skifahrens untergebracht. *Museum tgl. 8.30–16.30, Führungen in die Grube Samson 11 u. 14.30, in die benachbarte Grube Catharina Neufang Mo–Sa 10 u. 13.45 Uhr*

So wurde das Silber aus dem Berg geholt: Grube Samson

An der Grube Samson beginnt ein *Bergbauhistorischer Wanderweg (2 km):* 39 Stationen mit Tafeln zu alten Halden, Schächten und Wassergräben. *Ausgangspunkt Wäschegrund, Parkplatz Superrutsche*

Nationalparkhaus
In der ehemaligen Erzwäsche zeigen Multimedia- und Tonbildschau die Zusammenhänge zwischen Natur, Kulturlandschaft und Denkmalschutz. *Tgl. 9–17, Nov.–März 10 bis 17 Uhr, www.nationalpark-harz.de*

Roter Bär
Am Beerberg ist die Einfahrt zum Lehrbergwerk Roter Bär. Seit 1988 wurde es als Kulturdenkmal in vielen Stunden ehrenamtlicher Arbeit wieder begehbar gemacht. *April bis Okt. Sa 1–5 Uhr oder nach Absprache, Tel. 05582/15 37 – robuste Kleidung und Gummistiefel mitbringen*

ESSEN & TRINKEN ÜBERNACHTEN

Bahni's Hütte
Matratzenlager mit Küche zur Selbstverpflegung; Schlafsack mitbringen, aber vorher anrufen, ob Platz ist! *Braunlager Str. 8, Tel. 05582/287, Fax 12 15,* €

Berghof Arnika
Acht gut ausgestattete Ferienwohnungen, Hallenbad, Frühstück, ruhige Lage im Ort, Garten. *Auf der Höhe 34, Tel. 05582/916 60, Fax 91 66 36,* €€

Haus am Kurpark
Familienpension, zentral und ruhig. *8 Zi., Am Kurpark 1, Tel. 05582/10 10, Fax 92 30 89,* €

Kleine Kapelle
Außen Kirche, innen Kneipe mit der Originalausstattung von 1927. Kleine Speisen zum Bier, Schnitzel,

Salate. *Herrenstr. 12, Tel. 05582/ 82 33, €*

Naturfreundehaus

Ganz oben in sehr schöner Lage auf der Jordanshöhe (Skigebiet), für Einzelgäste mit Jugendherbergsausweis. *53 Betten, Am Gesehr 37, Tel. 05582/269, Fax 517, €*

FREIZEIT & SPORT

Höhenwanderweg

Der 18 km lange, gekennzeichnete Weg führt über Höhen und Wiesen und bietet großartige Fernsichten. Beginn im Ort (Kurverwaltung). Bis auf das steile, landschaftlich eindrucksvolle Stück an der (Andreasberger) Rosstrappe ist diese Wanderung einfach zu gehen.

Superrutsche

Gut 500 m lang geht es vom Matthias-Schmidt-Berg in den Wäschegrund. Hinauf kommt man zu Fuß oder per Sessellift. *Tgl. bei trockenem Wetter vom Frühjahr bis Herbst*

AUSKUNFT

Kurverwaltung

Am Glockenberg 12, 37444 St. Andreasberg, Tel. 05582/803 36, Fax 803 37, www.sankt-andreasberg.de, Mo–Fr 9–17, Sa 10–12, So 11–12 Uhr

ZIELE IN DER UMGEBUNG

Rehberger Graben und Oderteich [111 E2]

★ Der Rehberger Graben (7,2 km) wurde 1699–1703 angelegt, um das Wasser der großen Moore für die 88 Wasserräder in den Gruben zu nutzen. Heute produzieren sechs mit Grabenwasser angetriebene Kraftwerke 6,5 Mio. kW im Jahr. Der Weg überwindet die 723 m hohe Jordanshöhe und folgt dem Graben hoch über dem Odertal. Beliebt ist die Gaststätte *Rehberger Grabenhaus*, bei der Sie abends an manchen Tagen Wildfütterungen miterleben können *(Tel. 05582/789, €–€€)*

Am Goetheplatz erheben sich steile *Hornsteinklippen*. Hier fand Goethe 1777 den Beweis für die feurige Natur der Erde: Der glutheiße Granit im Erdinneren brachte die Tonschiefersedimente zum Schmelzen und verwandelte sie in Hornstein.

Eine Bademöglichkeit bietet sich nach 7 km des Wanderns am *Oderteich*, dabei sind aber unbedingt die Schutzzonen des Nationalparks zu respektieren. Der Oderteich, erbaut 1714–1721, war die erste europäische Talsperre (1,7 Mio. m^3 Fassungsvermögen). Auf seiner 18 m hohen Staumauer verläuft heute die Harzhochstraße. Insider Tipp

Reizvoll ist der Rückweg durch das Odertal mit Einkehrmöglichkeit in der *Waldgaststätte Rinderstall (Tel. 05582/740)*, wo man im Tal bis Oderhaus bleiben kann (Bus) oder den steilen Aufstieg durch das Wendeltreppertal nach St. Andreasberg nimmt. Am Westufer des Oderteichs führt ein Waldweg, der seinem Namen »Märchenweg« mit märchenhaften An- und Ausblicken wirklich gerecht wird, durchs Hochmoor nach Torfhaus. Am Ostufer beginnt der *Aufstieg zum Brocken* (3 Std.) über Oderbrück und Dreieckiger Pfahl (Abstieg nach Schierke möglich). Insider Tipp

Der Grabenweg wird im Winter für Spaziergänger freigehalten.

Sagenhafter Anziehungspunkt

Unübersehbar, unvermeidbar und deshalb der Höhepunkt einer Harzreise: der Brocken

Karte in der hinteren Umschlagklappe

Alle wollen auf den 1142 m hohen Gipfel des Brockens **[108 A4]**, der mit über 2 Mio. Besuchern im Jahr sicherlich den Rekord unter den deutschen Mittelgebirgsgipfeln hält. Selbst an den lausigsten Nebeltagen treibt es die Brockenstürmer nach oben. Patriotische Pflichten sind es wohl nicht mehr, wie im Kaiserreich, als die Untertanen ihn »Vater Brocken« nannten und Heinrich Heine, den sie sonst nicht mochten, zitierten: »Der Brocken ist ein Deutscher«. Man muss einfach oben gewesen sein, den Aufkleber oder Anstecker »Ich war oben« an Ort und Stelle erstanden haben, egal ob nach harter Fußgängerei oder einer Fahrt mit der Brockenbahn. Vielleicht ist es einfach die lange Pause, die den Brocken so attraktiv macht: Vom Mauerbau 1961 bis zum 3. Dezember 1989, dem legendären Brockenmarsch, war hier Sperrgebiet. »Mons bructerus« nannten ihn die Gelehrten, als sie noch auf Lateinisch schrieben. Daraus soll das einfache Volk mit seiner unsauberen Aussprache

Für den ganz weiten Blick: der Fernsehturm auf dem Brocken

Pflanzenrefugium im Brockengarten

»Blocksberg« gemacht haben. Aber vielleicht ist das zu weit hergeholt, denn Blöcke aus Granit liegen da oben auf dem Berg reichlich herum, und wenn man ihn von weitem sieht, ist er schon ein mächtiger Brocken.

An sehr klaren Tagen im Herbst und Winter kann die Sicht über 100 km weit gehen. Doch an den weitaus meisten Tagen können Sie froh sein, wenn Sie auch nur die ganze Brockenkuppe sehen können.

Das Klima hier oben ist rau, entspricht 1900 m Höhe in den Alpen. Einige Fakten: Die natürliche Baumgrenze liegt unter dem Gipfelplateau bei 1100 m, die durchschnittliche Jahrestemperatur beträgt 2,9 Grad, und es gibt 1800 mm Jahresniederschlag. An 100 Tagen steckt der Gipfel ganztä-

Auf dem Goetheweg zum Brocken

gig in den Wolken, an weiteren 200 Tagen herrscht zeitweise Nebel, ganz und gar frei ist er nur an 50–60 Tagen im Jahr. Er ist der windreichste Ort Deutschlands, an dem Weihnachten 1999 mit über 260 km/h die höchste in Deutschland gemessene Windgeschwindigkeit aufgezeichnet wurde. Im Winter häuft der Wind oft gigantische Schneeverwehungen an, Brockenwirt und Brockenbahn fräsen sich dann den Weg frei. Die Kuppe mit den Schnee- und Eismassen ist ein besonderes Erlebnis. Nach langen Perioden ohne Neuschnee können die Wege extrem vereist sein. Denken Sie in allen Jahreszeiten an warme, windfeste Kleidung, und planen Sie sorgfältig, wenn Sie diesen unwirtlichen Ort besuchen wollen! Die Sicht ist wie überall in den Bergen ganz früh am Morgen am besten. Wandern Sie in einer sternenklaren Nacht los (Inside Tipp) auf einem auch in der Dunkelheit unproblematischen Weg (Brockenstraße in Schierke, vom Ehrenfriedhof bei Oderbrück zum Goetheweg), und erleben Sie den beginnenden Tag oben auf dem Berg! (Inside Tipp) Sie sehen dann, dass der Brocken kein einzeln stehender Berg ist, sondern mit seinen Nebengipfeln Kleiner Brocken (1019 m), Königsberg (1023 m) und Heinrichshöhe (1044 m) eine große Gebirgsmasse bildet, die sich hoch über die umgebenden Moore erhebt. Hier, in Deutschlands niederschlagsreichster Region, entspringen Ilse, Bode, (Harzer) Oder, Abbe und Ecker.

Nach Jahrzehnten mit Mauer, Elektrozaun und Todesstreifen ist die Brockenregion nach Abzug der russischen Besatzung, Schleifung der Kasernen und durch Renaturierung wieder ansehnlicher geworden, der Natur wird auf der abgeplatteten Brockenkuppe, die 1200 m Durchmesser besitzt, wieder Raum gegeben. Heute sind 80 Prozent der Plateaufläche innerhalb des Rundwanderwegs in einen naturnahen Zustand versetzt, ist die Wiedereinrichtung des Brockengartens gelungen. Die Ruinen des 1945 zerbombten Brockenhotels und die militärischen Bauten aus der Zeit des Kalten Krieges sind beseitigt, ebenso die Brockenmauer, die nach der Wende 1991 als Erstes fiel. Dennoch fallen die Gebäude weitaus mehr ins Auge als die natürlichen Felsformationen.

Am höchsten Punkt steht die ★ *Brockenuhr,* etwas niedriger der *Brockenturm,* der 1937/38 als erster Fernsehturm der Welt 14 Stockwerke hoch gebaut wurde. Erst kürzlich kam der Ausbau zum Abschluss. In ihm befinden sich neben technischen Einrichtungen der Flugsicherung das moderne *Hotel Brockenherberge,* ein *Café* und die verglaste *Aussichtsplattform.* Unten bietet der große Saal mit Wandmalereien aus den Zwanzigerjahren als *Gaststätte* 200 Menschen Platz. Daneben stehen der 126 m hohe *Antennenmast,* der noch zu DDR-Zeiten errichtet wurde, und der Neubau der Telekom. Winzig klein duckt sich davor das *Wolkenhäuschen,* das 1736 der Fürst von Stolberg-Wernigerode bauen ließ. Die *»Brockenmoschee«,* das ehemalige Stasigebäude mit der Kuppel, in der sich die Abhöranlagen befanden, wurde 1998/99 zum *Brockenhaus* umgebaut, in dem Nationalpark-Ausstellung, Rangerstation und Bergwacht untergebracht sind. Über dem Bahnhof steht der *Turmbau der Wetterwarte,* daneben liegt der *Brockengarten.*

SEHENSWERTES

Brockenbahnhof

Endstation auf 1125 m! Als die Brockenbahn 1899 ihren Betrieb aufnahm, gab es nur Schienen und Bahnsteige. 1923 wurde der Bahnhof aus soliden Granitquadern gebaut. Heute ist er das wimmelige Zentrum der Brockengastronomie mit Erbsensuppen, Gulasch und unendlich vielen Bock- und Bratwürsten – im und vor dem Bahnhof.

Brockengarten

★ Der 1890 als Außenstelle des Göttinger Botanischen Gartens angelegte Brockengarten war Refugium für die schon damals gefährdete Brockenflora (besonders durch das Pflücken der »Brockensträuße«), gleichzeitig wurde die Anpassungsfähigkeit von Alpenpflanzen an das Brockenklima untersucht. Nach der Verwüstung der Brockenkuppe durch die militärische Nutzung wurde der Brockengarten von Botanikern des Nationalparks und der Universitäten Halle und Göttingen neu angelegt. Hier wachsen heute ca. 1500 Hochgebirgspflanzenarten. *Führungen Juni–Okt. Mo–Fr 11.30 und 14 Uhr*

MARCO POLO Highlights »Der Brocken«

★ Brockengarten
Der botanische Garten zeigt die Flora der Hochgebirge aus aller Welt, über 1500 Pflanzenarten sind hier zu sehen (Seite 69)

★ Brockenuhr
Um die Gipfelklippe sind 48 Bronzetafeln am Boden im Kreis angeordnet. Sie weisen die Richtung zu entfernten Städten und Bergen (Seite 69)

Mit der Brockenbahn auf schmaler Spur bequem den Berg erklimmen

Insider Tipp

Brockenhaus

Das Nationalparkhaus informiert über Brockengeschichte, Lebensräume im Nationalpark, Geologie, Wetter, Tiere, Pflanzen, deutsch-deutsche Geschichte und Fernsehgeschichte, dazu führt eine Multimediaschau alle Wetterlagen und Windstärken auf dem Brocken vor. Cafeteria. *Tgl. 9.30–17 Uhr*

Rundweg

Der 2,6 km lange Weg folgt der ehemaligen Brockenmauer. Die Felsenbastion von Teufelskanzel und Hexenaltar hat Goethe bei seinen Brockenbesteigungen zur Walpurgisszene im Faust inspiriert. *Führungen: Mo–Fr 11 u. 13 Uhr*

ESSEN & TRINKEN ÜBERNACHTEN

Brockenherberge

Sehr kleines Angebot: 4 Suiten, 8 Doppel- (€€€) und 2 Sechsbettzimmer (€€), alle mit natürlichen Materialien und Dusche nebst WC ausgestattet. Gepäcktransfer ab Schierke. Reservierung notwendig. *(Tel. 039455/120, Fax 121 00, www.brockenherberge.de).* Im 7. Stock *Café Hexenklause;* im 8. Stock *Aussichtsplattform,* im Erdgeschoss *SB-Gaststätte* mit *Terrasse.*

Brockenwirt

»Der Höchste im Norden«, im Bahnhofsgebäude und davor auf der Terrasse. Selbstbedienung mit insgesamt über 200 Plätzen. *Tel. 039455/312, €*

WEGE AUF DEN BROCKEN

Mit dem Auto geht es nicht. Letzte Station mit großen Parkplätzen ist Schierke, dann 7 km sanfter Aufstieg. Die Asphaltstraße ist ideal für den nächtlichen Abstieg nach dem Sonnenuntergang oder bei verpasster Bahn.

Zu Fuß: Es gibt sechs klassische Wege: *1.) von Wernigerode* (5 Std.): ins Kleine Breitetal (abkürzend Bahn bis Steinerne Renne), ausgeschildert bis zur Brockenchaussee. *2.) von Ilsenburg* (5 Std.): Karawanenweg durch das Ilsetal, an den Ilsefällen vorbei. *3.) von Torfhaus* (knapp 3 Std.): schnellster Aufstieg über »Goetheweg«, der Dichter nahm ihn 1777, und Kaiserweg zur alten Grenze, auf Betonplatten dort aufwärts und auf Bohlenwegen zur Brockenchaussee. *4.) von Oderbrück* durch den Bodebruch (Moorweg, viele Wurzeln und Steine) oder auf Allwetterweg ab Ehrenfriedhof zum Dreieckigen Pfahl, dort weiter auf dem Grenzstreifen zum Goetheweg (2,30 Std.). *5.) von Schierke* (3 Std.): bequemster und viel benutzter Weg durch das Eckerloch, gut beschildert und breit. *6.) von Norden, Bad Harzburg oder Eckertalsperre* (ca. 3 Std.) über den Hirtenstieg und Scharfenstein-, Hermanns-, Bismarck-Klippen zum Kleinen Brocken auf den Großen. Anspruchsvolle Strecke, dafür nicht so überlaufen wie die anderen Trampelpfade.

Per Rad: ideale Exkursion mit dem Mountainbike, wenn nicht Fußgängerkarawanen bei besserem Wetter das Fahren schwierig machen. Die für den Autoverkehr gesperrten Waldstraßen eignen sich gut. Bitte keine Bohlenwege und Waldpfade nehmen, die sind ausdrücklich den Fußgängern vorbehalten. In beiden Nationalparks ist Radfahren nur auf den Waldstraßen erlaubt.

Mit dem Planwagen: von Ostern bis zum Wintereinbruch bis oben auf die Kuppe. *Ab Parkplatz Am Tälchen in Schierke um 10 Uhr oder direkt auf dem Hof: Dirk Klaus, Alte Wernigeröder Str. 3, Tel. 039455/512 12, 20 Euro*

Per Bahn geht es am bequemsten. Die historische Schmalspurbahn fährt mehrmals täglich zum Bahnhof Brocken. Fahrt ab Wernigerode; Einheitspreis pro Strecke, egal wie lang, 14 Euro, 22 Euro hin und zurück; oder kürzer ab Drei Annen Hohne (großer Parkplatz), die kürzeste Strecke: ab Schierke (688 m) zum Brockenbahnhof (1125 m). Bei viel Betrieb gibt es Entlastungszüge, *www.hsb-wr.de*

AUSKUNFT

Nationalparkhaus Brocken
im Brockenhaus, Tel. 039455/515 85, tgl. 9.30–17 Uhr

Brockengespenst

Wenn die weißen Nebel wallen

Keine Erscheinung, sondern ein Naturphänomen: Wenn die Brockenkuppe frei ist, aber unmittelbar darunter an den Hängen der Nebel hängt, projiziert das Licht der tief stehenden Sonne die Schatten von Personen und Gegenständen auf die Nebelwand. Je tiefer die Sonne steht, umso größer wird der Schatten.

Weite Felder und dichte Wälder

Der alte »Unterharz« hat seine Idylle und Ursprünglichkeit bewahrt

Es ist reizvoll, im sanft abfallenden Ostharz ohne Eile herumzufahren. Die Harz-Hochstraße führt von West nach Ost einmal durch den Harz. Bei schönem Wetter sieht man immer wieder den Brocken. Noch schöner ist es, in Nord-Süd-Richtung zu fahren und dabei die sanften Hügel zu überqueren, wobei Wälder und Felder sich abwechseln. Die Orte im Ostharz sind eher dörflich und verschlafen, haben aber ihre Waldbäder, nahen Aussichtsberge und Wanderrouten. Hier haben die Buchen noch die Oberhand.

ALTENBRAK

[109 D5] Altenbrak (475 Ew.) ist ein Straßenort entlang der Bode, ideal für Ausflüge in die Umgebung. Erwähnenswert ist die alte *Wasserkraftanlage* der Holzschleiferei mit einem 370 m langen Tunnel durch den Bergrücken und einem Aquädukt. Auf der *Waldbühne* wird im September die Harzer Jodlermeisterschaft ausgetragen.

Stolberg:
Über der Fachwerkstadt im lang gestreckten Tal thront das Schloss

ESSEN & TRINKEN ÜBERNACHTEN

Hotel Weißes Ross
Der alte Familienbesitz ist harztypisch-gemütlich modernisiert. *10 Zi., Altenbrak, Sankt Ritter 19, Tel./Fax 039456/330,* **€–€€**

AUSKUNFT

Kurverwaltung Altenbrak
Sankt Ritter 17, 38889 Altenbrak, Tel. 039456/205, Fax 505 50, Mo–Do 8–12, Mo–Mi 13–15.30, Do 13–17, Fr 8–13 Uhr, www.bodetal.com

ZIELE IN DER UMGEBUNG

Rappbodetalsperre **[109 D5]**
Flussaufwärts erreichen Sie auf dem Talweg nach etwa 7 km die Häusergruppe *Wendefurth* direkt an der Staumauer der unteren Talsperre (Insider Tipp) (Angelmöglichkeit, Bootsverleih; *Gasthaus Zur Bode, Tel. 039456/915,* **€–€€**, wo es Forellen und Wild gibt). Zur Krone der 106 m hohen Staumauer führt der Weg neben der B 81. Sie ist die größte Talsperre im Harz, staut die Rappbode auf, die im Dreiländereck südlich von Benneckenstein ent-

springt. Zusammen mit kleineren Stauseen bildet sie das Trinkwasserreservoir für Halle und Magdeburg und ist größter Energieerzeuger im Harz. Auf der Westseite der Mauer sind Aussichtsterrassen angelegt *(Führungen April–Okt. tgl. ab 9 Uhr bis zur Dämmerung).*

Treseburg **[109 E5–6]**
Die Bode abwärts führt der Weg unter steilen Hängen und Felsen direkt am Fluss entlang nach Treseburg, wo Villen in Holz- und Fachwerkbauweise mit Veranden und Türmchen an der Bode stehen und der Wanderweg durchs Bodetal zur Rosstrappe beginnt. *Jeden Mi (Mai–Okt.) veranstaltet die Kurverwaltung eine Wanderung im Naturschutzgebiet Bodetal.*

An der Brücke über die Bode bietet das *Ferienhotel Forelle (35 Zi., Treseburg, Ortstr. 28, Tel. 039456/56 40, Fax 564 44, €€)* geräumige Zimmer, frische Forellen und eine schöne Terrasse. Auskunft: *Kurverwaltung Treseburg, Ortsstr. 24, 38889 Benneckenstein, Tel./Fax 039456/223*

BENNECKENSTEIN

[112 B1–2] Das Städtchen (2650 Ew.) liegt 565 m hoch und ist damit einer der höchstgelegenen Harzorte mit einem vielseitigen Wintersportangebot (Loipen, Schanze, Schlittenhunderennen). Schon vor 1890 gab es hier die erste deutsche Skifabrikation. Im Mai und Juni sind die Bergwiesen, Feuchtbiotope und durchsonnten Laubwälder Ziel von Botanikern, die hier Raritäten wie Knabenkräuter, Türkenbund und Sibirische Iris bewundern.

Im *Bahnhof* *(Museum, Di–Sa 10.15–16.25 Uhr)* ist alles rund um die Bahn zu sehen – von der Fahrkarte bis zum Schienenmoped. Insider Tipp

Beim Bummel durch die Innenstadt lohnen das *Rathaus* in der *Nordhäuser Straße*, das *Pfarrhaus* als ältestes Haus (1656) des Ortes der hübsche *Kurpark* und der *Gondelteich.* Etwas außerhalb liegt die *Waldbühne* (Veranstaltungen).

In das Nachbardorf *Tanne*, das im weiten Tal der Warmen Bode liegt, führt ein *Naturlehrpfad.*

ESSEN & TRINKEN ÜBERNACHTEN

Zum Brockenbäcker
Im Nachbarort Tanne: Bäckerei und Gaststätte im Harzstil, rustikale Küche. Kamin, Sauna, Verleih von Skiern und Mountainbikes. *16 Zi., Tel. 039457/97 60, Fax 976 33, www.brockenbaecker.de, €–€€*

Zur Brockenbahn
Direkt am Bahnhof Benneckenstein mit Eisenbahnausstellung, Restaurant, Bier- und Kaffeegarten. *12 Zi., Tel. 039457/401 86, Fax 401 88, www.hotel-zur-brockenbahn.de, €*

Hotel Harzhaus
Außerhalb des Ortes perfekt renoviertes Haus. Beliebtes Restaurant bei der Waldbühne. Sporthalle. *36 Zi., Heringsbrunnen 1, Tel. 039457/940, Fax 944 99, www.hotel-harzhaus.de, Restaurant €, Hotel €€*

AM ABEND

Alte Schachtel
Originelle Kneipe, sehr preiswert, gute Musik. *So–Do 19–1, Fr*

20–4, Sa 14–4, So 14–1 Uhr, Mi Frauentag, Fr, Sa Disko mit DJ, Oberstadt 21, Tel. 039457/409 85

FREIZEIT & SPORT

Freizeithallenspaß »Harzbad« mit 50 m langer Rundrutsche *(Di–Do 14–19, Fr 14–21, Sa/So 10 bis 19 Uhr)*. Minigolf, Tennisplatz, elf Loipen (66 km), Schanze

AUSKUNFT

Kurverwaltung
Haus des Gastes, 38877 Benneckenstein, Tel. 039457/26 12, Fax 26 13, Mo–Fr 9–12, 12.30 bis 16 Uhr

ZIELE IN DER UMGEBUNG

Harzquerbahn
★ Die Harzquerbahn erreicht zwischen Sorge und Benneckenstein ihren höchsten Punkt (555,5 m). An der *Eisfelder Talmühle* **[112 C2]** können Sie in die Selketalbahn umsteigen. Hier oder an den ebenso einsam gelegenen Haltepunkten *Sophienhof* **[112 C2]** und *Tiefenbachmühle* **[112 C2]** beginnen Wanderwege durch die Laubwälder und sanften Täler des Südharzes, die gemächlich ansteigend nach Benneckenstein führen.

Hasselfelde **[108 C6]**
Die Stadt (2700 Ew.) liegt 11 km von Benneckenstein entfernt auf einer weiten, leicht gewellten Hochfläche. Nach dem letzten großen Stadtbrand 1893 wurden die alten engen Straßen durch breite Alleen ersetzt, um im Fall von Bränden das Übergreifen des Feuers zu verhindern. Am Waldrand liegt das *Waldseebad* mit schöner Liegewiese (im Sommer tgl. 8–20 Uhr, B 81 Richtung Nordhausen). Wanderwege führen zur Rappbodetalsperre und der Hassel-Vorsperre sowie ins Bodetal. Die *Köhlerei Stemberghaus* (4 km Richtung Blankenburg)

Insider Tipp

MARCO POLO Highlights »Ostharz«

★ **Rübeland**
Faszinierende Tropfsteine in der Baumanns- und Hermannshöhle (Seite 77)

★ **Sangerhausen**
Blütenpracht im weltgrößten Rosarium (Seite 83)

★ **Stolberg**
Der Geburtsort des Bauernführers Thomas Müntzer besitzt viele schöne Fachwerkhäuser (Seite 82)

★ **Höhle Heimkehle**
750 m Gänge und Säle, dazu erklingt Musik von Wagner (Seite 83)

★ **Harzquerbahn**
Mit dem Dampfross durch den Harz (Seite 75)

★ **Kyffhäuser-Denkmal**
Kündet unübersehbar von der Einheit des ehemaligen Deutschen Reiches (Seite 80)

Harzer Roller

Vogel oder Käse?

Die Bergleute nahmen früher einen Kanarienvogel mit in die Grube – als Frühwarnsystem vor drohender Luftknappheit oder Gasaustritt. Wurde es im Stollen stickig, hörte der Vogel auf zu singen und die Bergleute konnten sich in Sicherheit bringen. Der gefiederte Freund wurde wegen seines rollenden Gesanges auch »Harzer Roller« genannt. Den Harzer Roller gibt es aber auch als Käse aus Magerquark. Die kleinen Stangen und runden Laibe enthalten nur sehr wenig Fett, dafür viel Eiweiß und Mineralien der Milch. Gegessen wird der Harzkäse, der mit zunehmender Reife immer kräftiger duftet, auf Graubrot mit Zwiebeln und Schmalz (das gleicht den niedrigen Fettgehalt wieder aus) zum Bier.

ist ein Freiluftmuseum mit Originalmeiler und Köhlerfest im Juli *(tgl. 10–17 Uhr)*. Übernachten und gut essen können Sie im *Hotel Hagenmühle (Biergarten, eigene Pferde, 16 Zi., Hagenstr. 6, Tel. 039459/713 39, Fax 713 36, €–€€)*. Auskunft: *Kurverwaltung, Lindenstr. 3 a, 38899 Hasselfelde, Tel. 039459/713 69, Fax 760 55, Mo–Fr 9–17, Sa 10–12 Uhr, www.hasselfelde.de*

ELBINGERODE

[108 C5] Der malerische Fachwerkort (4200 Ew.) liegt in einer Mulde des Mittelharzer Hochplateaus. 1970 wurde die Förderung von Eisenerz eingestellt. Sehenswert sind heute die alte *Apotheke*, das *Brauhaus* und die nach einem Brand 1858 im neugotischen Stil wieder aufgebaute *Stadtkirche*. Über dem Ort der 503 m hohe »Galgenberg«, eine zum Naturdenkmal erklärte Kalksteinklippe.

ESSEN & TRINKEN

Berghof
Renovierte historische Gaststätte mit neuem Fachwerk und Terrasse. *Pfarrstr. 15, Tel. 039454/426 90, €*

AUSKUNFT

Fremdenverkehrsamt
Markt 3, 38875 Elbingerode, Tel. 039454/452 81, Fax 452 83, Mo–Fr 9–12, 13–17, Sa 9–12 Uhr

ZIELE IN DER UMGEBUNG

Schaubergwerk Büchenberg **[108 C4]**
Ein Besuch (nur 8 Grad!) führt auf 600 m Rundweg (rollstuhlgeeignet) in 140 m Tiefe und 1500 Jahre zurück. *Führungen Mo–Fr stündl. 10–15, Sa/So 10–16 Uhr.* Oberirdisch gibt es einen *Bergbaulehrpfad*.

Drei Kronen & Ehrt **[108 C5]**
Auch dieses Bergwerk lohnt den Besuch: mit Maschinendemo,

Lorenfahrt, Mineraliensammlung, Schleiferei. *An der B 27, Führungen tgl. um 9, 11, 13, 15 Uhr*

Königshütte **[108 B5]**
Königshütte (700 Ew.) liegt am Zusammenfluss von Kalter und Warmer Bode, 4 km von Elbingerode entfernt. In der *Gießerei und Ofenfabrik* wird noch die 700-jährige Tradition des Harzer Eisengusses fortgesetzt. Über dem Tal steht die *Königsburg* aus dem 11. Jh. mit Rundturm und Resten der Burgmauer. An der Bode entlang führt der *Wanderweg nach Rübeland* (48 K, 3 Std.) mit schönen Ausblicken auf das Tal, seine wilden Felsen und Fernblick zum Brocken.

Rübeland **[108 C5]**
Bei *Rübeland* (1700 Ew.), 4 km von Elbingerode, hat sich die Bode ein enges Tal mit steilen Felswänden durch den Kalk genagt. Besucht wird es wegen seiner beiden ★ *Tropfsteinhöhlen.* Kommen Sie mit der Bahn, denn Parkplätze sind sehr knapp! Die *Baumannshöhle,* in der Knochen des Höhlenbärs gefunden wurden, ist seit 1616 für Besucher zugänglich und reich an Tropfsteinen. Der Goethesaal mit dem Wolfgangsee besitzt eine wunderbare Akustik und wird für Vokalmusik und Konzerte genutzt. Insider Tipp Die *Hermannshöhle* wurde 1866 entdeckt und bekam als erste Schauhöhle der Welt 1892 elektrische Beleuchtung, um dem Besucher die bis 48 m hohen Säle, die Kristallkammer und die lichtscheuen Lurche im Olmensee vorzuführen. *Führungen tgl. 9–16 Uhr, warm anziehen, drinnen sind nur 8 Grad.*

Der *Blaue See,* der einen früheren Steinbruch ausfüllt, verdankt seine Farbe im Wasser gelösten Kalksalzen, die bei der Lichtbrechung alle anderen Spektralfarben

Rübeland: phantastische Kulisse in der Hermannshöhle

Eine tolle Farbe! Der »Blaue See« bei Rübeland

absorbieren, sodass nur der intensive Blauton sichtbar bleibt – dies allerdings nur im Frühjahr, denn die Verschmutzung durch sommerliche Badegäste überfordert die Selbstreinigungskräfte des Sees.

HARZGERODE

[114 B3] Harzgerode (5100 Ew.) liegt auf der weiten Hochfläche des Unterharzes, nicht weit vom schönsten Teil des Selketals entfernt. Um den Markt der einst bedeutenden Bergbaustadt stehen das 1901 gebaute *Rathaus*, das mit Turm und Erker im Fachwerkstil gebaut ist, der *Roedersche Freihof*, die *Bergfaktorei* und die *Marienkirche* von 1698 *(Besichtigung Mo 10.30 Uhr)*, deren Innenraum zum Besten der Harzer Holzbaukunst gehört. Am Rand der Altstadt steht das befestigte *Schloss*, dessen Festsaal einen bemerkenswerten Parkettboden mit 18 verschiedenen Harzer Holzarten besitzt. *Di–Fr 10–12, 13–16, Sa/So 10–15 Uhr*

ÜBERNACHTEN

Marie-Juchcz-Haus
Die ehemalige Jugendherberge am Stadtrand von Harzgerode ist modernisiert. *7 Zi., 2 Bungalows (Dusche/WC), Alexisbader Str. 1, Tel./ Fax 039484/22 75, €*

AUSKUNFT

Stadtinformation
Markt 7, 06493 Harzgerode, Tel. 039484/324 20, Fax 324 21, www.harzgerode.de, Mo, Mi–Fr 8–16, Di 8–18, Sa 10–14 Uhr

ZIELE IN DER UMGEBUNG

Alexisbad **[114 B3]**
Der Badeort, 3 km von Harzgerode entfernt, wurde 1810 von Herzog

Alexius von Anhalt-Bernburg gegründet, seine bauliche Konzeption stammt von Karl Friedrich Schinkel. Es war ein kleiner, feiner Kurort. Auch den späteren Bauten aus der Gründerzeit ist das anzusehen, insbesondere dem großen *Kurhaus* im Park. Spazierwege in der unmittelbaren Umgebung führen zur *Verlobungsurne*, zum *Luisentempel*, zum *Teehäuschen* und zur *Köthner Hütte* – Plätze, die im 19. Jh. im Geschmack der Zeit gestaltet wurden. Am *Bahnhof* treffen die Linien der Selketalbahn nach Gernrode, Harzgerode, Hasselfelde und Nordhausen zusammen. Die Doppelausfahrt von zwei Dampfzügen ist ein beliebtes Fotomotiv. Das *Hotel Habichtstein (69 Zi., Kreisstr. 4, Tel. 039484/780, Fax 783 80, Restaurant €–€€, Hotel €€)*, ein angenehm modernisiertes Sporthotel, bietet preiswert-deftige Küche und eine große Terrasse.

Güntersberge **[113 E2]**

Auf flachen Hügeln zieht sich das 13 km von Harzgerode entfernte Dorf mit verwinkelten Straßen hinunter zum *See*. Besonders schön ist die Anfahrt mit der Schmalspurbahn. Einzigartig ist das *Mausefallenmuseum, Klausstr. 138 (B 242), Sa/So 14–18 Uhr, sonst nach Absprache, Antikhandel, Tel. 039488/430*, wo nicht nur gezeigt wird, auf wie viele Arten Mäuse verfolgt werden, sondern jede Menge Kuriositäten gesammelt sind wie Nachtstühle, Keuschheitsgürtel, alte Haushaltsgeräte, Möbel. Insider Tipp

Mägdesprung **[114 B3]**

Zwischen Alexisbad und Mägdesprung (6 km von Harzgerode) ist das Selketal nicht so sanft wie in seinem weiteren Verlauf. Der Bach zwängt sich zwischen den Felsen hindurch, weicht Bergnasen aus und bildet kleine Kaskaden. Das Eisen der zahlreichen Bergwerke wurde längs der Selke in Hammerschmieden und in der Kunstgießerei verarbeitet, aus der die eindrucksvolle Tierplastik »Der gerissene Hirsch« stammt. Über dem Tal stehen die Ruinen mehrerer Burgen, die zu den königlichen Jagdhöfen des Mittelalters gehörten. Auch heute sind die hoch gewachsenen Eichen- und Buchenmischwälder reich an Wild. Außer einheimischen Arten leben hier Mufflons, eine Wildziegenart aus Sardinien und Korsika, die hier vor 100 Jahren heimisch gemacht wurde. Im Tal am Ende der Fahrstraße ab Mägdesprung steht mit der *Selkemühle (14 Zi., 2 Apts., Tel./Fax 039484/23 41, €)* ein idealer Ausgangsort für Wanderungen. Für Kinder gibt es einen Spielplatz mit Plantschbecken sowie ein Freigehege mit Dam- und Muffelwild. Deutsche Küche. Insider Tipp

KYFFHÄUSER

[113 E–F6] Der Kyffhäuser ist ein kleines Gebirge für sich mit einer ganz besonderen Pflanzenwelt und außergewöhnlich warmem und trockenem Klima, denn an Harz, Thüringer Wald und Rhön regnen sich die meisten Wolken ab. So wachsen auf den Streuobstwiesen nicht nur Äpfel, Zwetschgen und Kirschen, sondern auch Aprikosen. Die durchsonnten Trockenrasen und Felsfluren wirken mediterran und duften nach Kräutern. Zwanzig Schafhirten umsorgen über 10 000 Schafe. In den Wäldern stehen Eichen und Linden, die wegen ihres Alters Naturdenkmäler sind. Die *Talsperre Kelbra* ist nicht nur Bade-, Surf- und Segelsee, sondern auch ein einzigartiges Vogelparadies, an dem sogar die vom Aussterben bedrohten Fischadler leben.

Insider Tipp

SEHENSWERTES

Bad Frankenhausen **[O]**
Die Wohlhabenheit des Ortes (10 000 Ew.) kommt vom Salz. Im Mittelalter gab es hier bis zu 120 Salzsiedereien. Schlechte Zeiten wurden durch Holzknappheit ausgelöst, denn der Verbrauch an Brennholz verwüstete ähnlich wie der Bergbau die Wälder.

Barbarossahöhle **[113 E6]**
Sie ist die größte Höhle in Deutschland, die durch Auslaugung von Gips entstanden ist. In ihrem weit gespannten Gewölbe glitzern kristallklare Seen. Der Sage nach saß Kaiser Friedrich Barbarossa in einer Höhle unter dem Kyffhäuser, wo er auf die Einheit des Reiches wartete und ihm der Bart durch den Tisch wuchs *(Führungen tgl. 9–18, Okt.–April 9–17 Uhr)*. Ein Geologisch-botanischer Wanderweg führt nach Bad Frankenhausen.

Kaiser Barbarossa, der Rotbart, als Statue am Kyffhäuser-Denkmal

Kyffhäuser-Denkmal **[113 F6]**
★ Es steht auf dem höchsten Punkt (457 m), ist weithin sichtbare Landmarke, die hier die Einheit des Deutschen Reiches verkünden sollte. Die Reichsburg Kyffhausen war eine der größten Burgen Deutschlands, die zur Zeit Friedrich Barbarossas erbaut wurde. Die Unterburg ist am besten erhalten, der Bergfried ist restauriert, der Brunnen mit 176 m einer der tiefsten in Europa. 1896 wurde das Denkmal für Kaiser Wilhelm I. errichtet, dessen 81 m hoher Denkmalsturm mit einer Krone endet, die großartige Aussicht bietet. *Tgl. 9–19, Okt.–April 9–17 Uhr*

Panoramamuseum **[O]**
Die deutsche Geschichte ist nicht nur Geschichte von Kaisern und Königen. Das Volk hat ebenso Geschichte gemacht und hier auf dem Schlachtberg bei Frankenhausen eine seine schlimmsten Niederlagen erlitten. Am 15. Mai 1525 wurde das Heer der aufständischen Bauern von den Landsknechten der Fürsten vernichtet, ihr geistiger Anführer Thomas Müntzer gefangen und hingerichtet. Das Rundgemälde von Werner Tübke stellt auf 14 mal 123 m Leinwand über 3000 Figuren dar, darunter bekannte Gesichter der Zeit wie Luther und Dürer. Das Bild erzählt nicht nur von der Schlacht, sondern auch von den Lebensverhältnissen in der Zeit am Ende des Mittelalters. *Führungen April–Okt. Di–So 10–18, im Juli/Aug. auch Mo*

13–18, Nov.–März 10–17 Uhr, www.panorama-museum.de

ESSEN & TRINKEN ÜBERNACHTEN

Weidemühle [113 E6]
Familienpension am Ortseingang von Kelbra, in modernisiertem Fachwerkhaus. Gaststätte, Garten und Fischteich. *20 Zi., Nordhäuser Str. 3, Tel. 034651/37 40, Fax 374 99,* €

AUSKUNFT

Kyffhäuser-Information [0]
Anger 14, 06567 Bad Frankenhausen, Tel. 034671/717 16, Fax 717 19, www.th-online.de/verbaende/kyffhaeuser-fvv, Mo–Fr 9.30–18, Sa 9.30–12.30, Okt. bis April Mo–Fr 10–17 Uhr

SCHIERKE

[108 A5] Der Ort (900 Ew.) zieht sich lang und schmal am Tal der Kalten Bode hinauf. Die Lage am Fuß des Brocken hat Schierke Ende des 19. Jhs. zum feinsten und meist besuchten Gebirgsort im Harz gemacht. Nach der Wende wurde einiges investiert und renoviert. Den großen Parkplätzen sieht man an, dass Schierke Hauptausgangsort für Brockenbesteigungen ist. Der Wintersport soll noch wachsen. Ein Skizentrum mit Lift und Abfahrten am Großen Winterberg ist geplant. Loipen gibt es am Kleinen und Großen Winterberg, längs der Bode und am Oberen Königsberger Weg bis zum Dreieckigen Pfahl, wo Anschluss zu den Loipen von Torfhaus, St. Andreasberg und Braunlage besteht.

ESSEN & TRINKEN ÜBERNACHTEN

Pension Andrä
Klein und fein, hell gestrichenes Holz, familiär. *9 Zi., 1 Fewo, Brockenstr. 12, Tel. 039455/512 57, Fax 454, www.pension-andrae.de,* €€

Brockenscheideck
Getriebiger Ableger des Brockenwirts im alpenländischen Stil. *16 Zi., Brockenstr. 49, Tel. 039455/268, Fax 510 36,* €–€€

Jugendherberge
Der holzverkleidete Bau wurde innen weitgehend modernisiert. *260 Betten, Brockenstr. 48, Tel. 039455/510 66, Fax 510 67*

Der Kräuterhof Insider Tipp
In Drei Annen Hohne am Bahnhof, ruhig gelegen, großzügige Zimmer, kreative, marktfrische Küche, auch vegetarisch. *40 Zi., Tel. 039455/840, Fax 841 99, www.zugast.de/kraeuterhof,* €€

AUSKUNFT

Kurverwaltung
Brockenstr. 10, 38879 Schierke, Tel. 039455/86 80, Fax 403, Mo–Fr 9–12, 13.30–16.30, Sa/So 10–12 Uhr

ZIEL IN DER UMGEBUNG

Elend [108 B5]
Von Schierke führt der schnellste Weg (2 km) längs der Kalten Bode durch das eindrucksvolle Elendstal (17 G). Aufregender, mit großartiger Aussicht ist der Weg oben über die *Schnarcherklippen*, der an eini- Insider Tipp

gen Stellen über Eisenleitern führt. »Sieh nur die alten Felsennasen, wie sie schnarchen, wie sie blasen«, schrieb Goethe im Faust. Der Ortsname soll nichts mit »elenden« Lebensverhältnissen zu tun haben, sondern die Ilsenburger Mönche hätten ihn »eli lenti«, fremdes Land, genannt. Im Ort steht die kleinste *Holzkirche* Deutschlands.

Essen können Sie in der *Bahnhofsgaststätte*, Tische auch auf dem Bahnsteig (*Tel. 039455/515 70, €*). Das *Hotel Grüne Tannen (28 Zi., Tel. 039454/460, Fax 461 55, www.mandelholz.de, €–€€)* steht an der B 27 Richtung Königshütte beim Stausee Mandelholz: ein schönes altes Haus, gut modernisiert, Restaurant mit ansprechender deutscher Küche, Wellnessangebot und Liegewiese. Auskunft: *Kurverwaltung, Hauptstr. 19, Tel./Fax 039455/375*

Stolberg: Thomas-Müntzer-Denkmal

STOLBERG

[113 D3] ★ Das mittelalterliche Städtchen (1600 Ew.) mit seinen bunten, gepflegten Fachwerkhäusern war eine Bergmannssiedlung und liegt am Zusammenfluss zweier Täler, die von Laubwäldern eingefasst sind. Auf dem Markt steht das Denkmal des Predigers und Bauernführers Thomas Müntzer, der hier 1489 geboren wurde. Das *Rathaus* hat innen keine Treppen, in die oberen Stockwerke führen Außentreppen an der Seitenfront. Etwas erhöht steht die *Martinikirche*, in der Luther 1525 gegen den von Müntzer geführten Bauernaufstand predigte. Der Aufstieg zum Schloss (nicht zugänglich) lohnt wegen der schönen Aussicht auf die Stadt.

MUSEUM

Heimatmuseum

Im schönsten Fachwerkhaus der Stadt befinden sich ein Gedenkraum für Thomas Müntzer und eine Münzwerkstatt. *Niedergasse 19, Mi–Fr 10–12.30, 13–17, Sa/So 10–12, 13–17 Uhr*

ESSEN & TRINKEN ÜBERNACHTEN

Gasthaus Kupfer Insider Tipp

Fachwerbau, behutsam renoviert, in schönem altem Stil eingerichtet. *24 Zi., Am Markt 23, Tel. 034654/102 25, Fax 102 24, Hotel €, Restaurant €–€€*

Hotel Zum Bürgergarten

300 Jahre altes Fachwerkhaus am Stadtrand, gemütliche Stube mit Ka-

chelofen. Regionalküche, Vollwertkost; Sauna, Whirlpool. *27 Zi., Thyratal 1, Tel. 034654/81 10, Fax 81 11 00, Zum.Buergergarten@t-online.de, €–€€*

FREIZEIT & SPORT

Erlebnisbad Thyra-Grotte
Große Badelandschaft mit Rutsche, Whirlpool, Außenbecken. *In der Nähe des Bahnhofs, So–Do 10–21, Fr/Sa 10–22 Uhr*

AUSKUNFT

Fremdenverkehrsamt
Markt 2, 06547 Stolberg, Tel. 034654/454, Fax 729, www.stadt-stolberg-harz.de, Mo–Fr 9–12.30, 13–17, Sa/So 13–17 Uhr

ZIELE IN DER UMGEBUNG

Höhle Heimkehle [113 E4]
★ Im Alten Stolberg, 7 km vom Ort entfernt, liegt die größte Schauhöhle im Gipskarst. 750 m Gänge und Säle mit Seen und Alabasterkristallen werden besichtigt, Wagnermusik begleitet eine Lasershow. Im Zweiten Weltkrieg war hier eine Rüstungsfabrik, ein Denkmal erinnert an Leiden und Sterben der Zwangsarbeiter. *Tgl. 10–17, Nov.–April 10–16 Uhr*

Josephskreuz [113 E3]
Eiserner Aussichtsturm (38 m, Rundblick bis zum Kyffhäuser), größtes Doppelkreuz der Welt, 1896 auf dem Großen Auerberg (580 m) errichtet (5 km Wanderweg von Stolberg).

Questenberg [114 B6]
Das Dörfchen, 28 km von Stolberg entfernt, liegt idyllisch im engen Tal unter weißen Felswänden und bewaldeten Berghängen. Der Aufstieg zur *Queste,* einem hohen Gipsfelsen (Pfingsten: Questenfest), belohnt mit einem einzigartigen Blick. Im Nachbarort ist das einstige *Gut Drebsdorf (2 Zi., 3 Apts., Tel. 034656/560 11, Fax 560 17, www.gut-drebsdorf.de, €)* zum Reiterhof ausgebaut, Reitkurse u. a. für Kinder und Jugendliche, Internetcafé.

Schaubergwerk Röhrigschacht [114 C5] Insider Tipp
In *Wettelrode* (35 km von Stolberg) wurde bis in jüngste Zeit Kupferschiefer abgebaut. Besucher können ganz realistisch die Arbeit in der Tiefe nachvollziehen. Zuerst geht es bei einer echten Seilfahrt 300 m in die Tiefe, daran schließen sich 800 m Fahrt mit der Grubenbahn an, und man erfährt vor Ort, wie das Erz abgebaut wurde. *Museum Mi–So 9.30–17 Uhr, Seilfahrten 10–15 Uhr, Tel. 03464/58 78 16*

Sangerhausen [114 C–D6]
Die Stadt, 35 km von Stolberg entfernt, ist für ihr ★ *Rosarium (Mai–Okt. 8–19, Juni–Aug. bis 20 Uhr)* berühmt. Es ist das größte der Welt (12,5 ha) mit über 6500 Rosensorten. Auch das mittelalterliche Zentrum der Bergbaustadt (28 000 Ew.) ist einen Besuch wert. Ihr Wahrzeichen ist der *Schiefe Turm der Jacobikirche,* einer spätgotischen Hallenkirche. Im *Spenglermuseum (Di–Fr/So 10–17, Sa 14–17 Uhr)* ist neben Funden aus der Jungsteinzeit das einzige vollständige Mammutskelett der Welt zu sehen. Insider Tipp Auskunft: *Fremdenverkehrsverein, Schützenplatz, Tel. 03464/61 33 30, Fax 51 53 36, www.sangerhausen.tourist.de*

Baudenkmäler und Bergeshöhen

Die Touren sind in der Karte auf dem hinteren Umschlag und im Reiseatlas ab Seite 106 grün markiert

1 STRASSE DER ROMANIK

Diese Route führt Sie von Goslar über Halberstadt nach Sangerhausen, insgesamt 170 km. Um ausreichend Zeit für Besichtigungen zu haben, sollten Sie drei Tage einplanen. Goslar ist reich an romanischer Baukunst, ab Halberstadt fahren Sie auf der gut ausgeschilderten Straße der Romanik. Neben Kirchen, Klöstern, Burgen und Fachwerk gibt es viel Natur am Wegesrand zu entdecken.

Goslar (S. 32) besitzt mit Kaiserpfalz, Marktbrunnen, Marktkirche, Neuwerkskirche, Frankenbergkirche und der Vorhalle des abgebrochenen Doms ein einmaliges Ensemble romanischer Baukunst. Erleben Sie das Flair der alten Kaiserstadt bei einem ausgedehnten Stadtrundgang (Parken: Parkplatz Osterfeld, groß, preiswert, zentrumsnah). Die B6, der Sie dann folgen, begleitet den Nordharzrand bis an sein östliches Ende. Bei Eckertal (bzw. B6 neu bei Abbenrode) geht es über die ehemalige Grenze, die kaum noch wahrzunehmen ist. Danach bietet sich ein Abstecher in die Fachwerkstadt *Osterwieck* an, Insider Tipp die nach der Restaurierung Hunderter Ackerbürgerhäuser aus dem 16.–18. Jh. wieder sehr ansehnlich geworden ist. Weiter geht es über *Wernigerode* nach *Halberstadt (S. 35)* ins Harzvorland. Der gotische Dom mit hohem Dach und Doppeltürmen ist schon von weitem zu sehen. Wieder Richtung Harz unterwegs, bieten sich ein Abstecher zur *Burgruine Regenstein* (ehemals Sitz der Raubgrafen, *S. 32*) vor Blankenburg und die anschließende Besichtigung des *Klosters Michaelstein (S. 31)* an. Es beherbergt ein Musikinstrumentenmuseum, und im ehemaligen Konvent finden Konzerte und Kunstausstellungen statt. Über Westerhausen fahren Sie nach *Quedlinburg (S. 39)*. Dessen Stiftskirche und Domschatz sind Höhepunkte der Harzromanik. Die Lage auf dem Burgberg und der Blick auf die Altstadt mit ihren zahlreichen Türmen sind gleichermaßen beeindruckend. Sehr archaisch wirkt die außerhalb im alten Friedhof gelegene Wipertikirche. Weitere Stationen sind *Gernrode (S. 41)*

Schon der Name ist geheimnisvoll: die »Einhornhöhle« in Scharzfeld

Osterode im abendlichen Licht

mit einmaliger Stiftskirche von 959 und über Ballenstedt ein Abstecher zur *Burg Falkenstein (S. 30)*, einer der besterhaltenen Burgen im Harz. Die Kernburg aus dem 12. Jh. war durch Bastionen, Ringmauern, Gräben, sieben Tore und fünf Zwinger befestigt. Über dem Burghof ragt der 30 m hohe Bergfried auf. Bei Ermsleben führt eine schmale Straße zur *Konradsburg*, die auf den flachen Ausläufern des Unterharzes steht. Hier sind die Abraumpyramiden von 900 Jahren Bergbau die höchsten Erhebungen. *Schloss Mansfeld* hinter Hettstedt mit spätgotischer Schlosskirche, Wallgräben, Mauern und Gewölben ist heute Bildungsstätte, kann aber besichtigt werden. Über *Mansfeld* geht es nach *Sangerhausen (S. 83)*, der letzten Station der Romanikreise; hier erinnert die Ulrichskirche in ihrer Bauart an die Kirchen in Burgund.

2 KARSTWANDERWEG

Von Osterode nach Pölsfeld bei Sangerhausen führt diese Tour durch Deutschlands längstes Biosphärenreservat, das sich etwa 100 km lang und meist nur wenige hundert Meter breit am südlichen Harzrand entlangzieht. Preiswerte Unterkunft gibt es in fast allen Orten. Zwischenstrecken können mit der Bahn überbrückt werden (Infos: Touristinfo Osterode, Tel. 05522/ 96 02 22, oder www.karstwanderweg.de).

Der über 140 km lange Fernwanderweg erschließt die Karstlandschaft, die durch Auslaugung des weichen Gipsgesteins reich an Höhlen, Seen und Teichen, wasserreichen Quellen und Bachversickerungen ist. Gips, Anhydrid und Dolomitkalk bildeten einen in Europa einmaligen Naturraum, der aus vielen kleinen und kleinsten Naturschutzgebieten inmitten forst- und landwirtschaftlich genutzter Flächen besteht und durch den Abbau des Rohstoffes Gips bedroht ist. Weiß leuchtende Felswände und Steinnadeln stehen in einer sonst sanft gewellten Landschaft mit Weiden, Getreidefeldern, Trockenrasenflächen, Streuobstwiesen und hochstämmigen Buchenwäldern. Die kleinen unter Schutz stehenden Flächen weisen einen natürlichen Reichtum an seltenen Tieren und Pflanzen auf (Orchideen, Zwiebelgewächse, Gräser und Blütenpflanzen der osteuropäischen Steppen, Schmetterlinge, Amphibien und Vögel).

Der Weg ist in seiner ganzen Länge markiert, im Kreis Osterode mit braunem Punkt auf gelbem Feld, im Verlauf durch Thüringen und Sachsen-Anhalt mit rotem Strich auf weißem Feld. Naturdenkmäler und Naturschutzgebiete sind durch Tafeln und Karten am Weg erklärt.

Von *Osterode (S. 53)* geht es auf dem nördlichen Karstwanderweg zu den Teichen des so genannten Teufelsbades. In den von Schilf umkränzten Gewässern haben sich zahlreiche Vogelarten niedergelassen. Von dort nach *Düna*, wo es auf dem südlichen Weg ins Hainholz geht. Hier sind Karstlöcher, Teiche, Quellen und weiße Gipswände durch einen Landschaftslehrpfad erschlossen. Der Wald wurde 1998 durch einen Orkan stark verwüstet. Wissenschaftler nutzen hier die Gelegenheit zu beobachten, wie sich die Natur ohne den Eingriff des Menschen regeneriert. Über das *Herzberger Schloss* gelangen Sie (wieder auf dem Nordweg) vorbei am *Juessee* (Karstsee mit Naturbad) nach *Scharzfeld (S. 50)* mit Steinkirche, »Einhornhöhle« und Burgruine. Über die Königshütte in *Bad Lauterberg (S. 48)* steigen Sie auf die ersten Vorhöhen des Harzes. In *Steina* führt der Weg nach Süden zum *Römerstein*, einem urzeitlichen Korallenriff, und an Teichen und Seen vorbei zur *Klosterruine Walkenried (S. 53)*. Der Itelteich und das Himmelreich gehören zu den eindrucksvollsten Felslandschaften im Gipskarst. Im Kreis Nordhausen schlängelt sich der Weg mit Umwegen und im Zickzack nördlich an der Kreishauptstadt vorbei. Zwischen *Mauderode* und der *Gedenkstätte Dora (S. 52)* bildet der Gips einen schmalen Rücken, der das Umland um einiges überragt und einen schönen Blick auf den Harz bietet. Am *Hohnstein* zerstört der Gipsabbau großflächig die Landschaft. Die *Rüdigsdorfer Schweiz* ist ein an Erdfällen reiches Heide- und Trockenrasengebiet, unterbrochen von kleinen Laubwäldern. Zwischen dem Dorf *Steigerthal* und *Uftrungen* mit der Höhle *Heimkehle (S. 83)* liegt das ausgedehnte Waldgebiet *Alter Stolberg*, das besonders an Lichtungen und an den Rändern reich an Karsterscheinungen wie Dolinen (trichterförmige Erdlöcher) und Quellen ist. Im Kreis Sangerhausen verläuft der Weg gradliniger auf dem schmalen Gipsrücken. Der See *(Bauerngraben)* bei *Breitungen* liegt zeitweilig trocken, weil das Wasser in den Klüften des Gesteins verschwindet. Um *Questenberg (S. 83)* wird der Karst richtig schroff, es gibt be-

Auch sie würde gerne auf den Brocken gucken

trächtliche Höhenunterschiede. Wo die Hänge nicht bewaldet sind, werden sie von ausgedehnten Schafweiden und Streuobstwiesen bedeckt. Zwischen Großleinungen und Morungen dehnt sich das *Waldgebiet Mooskammer* aus, wo Reste alten Kupferbergbaus zu sehen sind. Von *Wettelrode* mit dem Schaubergwerk *Röhrigschacht (S. 83)* führt der Weg über Acker- und Weideland nach *Obersdorf* und *Pölsfeld*, wo der Karstwanderweg endet.

3 DER KAISERWEG

Dieser alte Weg (38 km) über den Harz, den vor über 1000 Jahren die Kaiser gingen, verband den Nordharz (Kaiserpfalz Goslar, Harzburg) mit dem Südharz. Auf lange Strecken ist er noch ein Stieg mitten durch die Bergwälder, Teilstrecken sind aber Waldstraßen. Wanderer müssen eine Übernachtung einkalkulieren, z. B. in Oderbrück auf der Hälfte der Strecke (Naturfreundehaus, Tel. 05520/ 24 45) oder in Braunlage.

Wie damals verläuft der durchgehend markierte Weg (blauer Punkt in weißem Dreieck) von Bad *Harzburg (S. 27)* nach *Walkenried* abseits von allen Ortschaften auf den Höhenrücken über den Tälern. Nach dem ersten steilen Aufstieg zum Burgberg ist man schon auf der Höhe. Vom *Molkenhaus* an verläuft der Weg auf dem Bergrücken immer wieder mit Brockenblick. An den *Hopfensacken* (Moorwäldern) am Fuß des Brockens erreicht er mit 850 m seine größte Höhe Anschließend berührt er *Oderbrück*, verläuft unterhalb des *Achtermanns* mit seiner kahlen Kuppe (925 m, Abstecher wegen der Aussicht lohnend, Weg 31 K und 31J) und überquert an der Waldgaststätte Königskrug die B4. Der Kaiserweg führt an *Braunlage (S. 57)* vorbei und bleibt bis zur Kreuzung der Straße Braunlage–Wieda auf der Höhe in Bergfichtenwäldern. Dann beginnt der Abstieg mit weiten Aussichten auf dem Grat, der *Wieda- und Zorgetal* trennt. Das *Kloster Walkenried (S. 53)*, dessen Ruinen noch immer eindrucksvoll sind, war im Mittelalter Rastplatz vor oder nach dem Weg über das Gebirge.

4 DAS BODETAL

Der mit blauem Dreieck auf weißem Grund markierte Fernwanderweg beginnt um Torfhaus, folgt dem Lauf der Bode vom Dreieckigen Pfahl an und endet in Thale. Für die 55 km sollten Sie drei Tage einplanen. Unterwegs gibt es in allen Orten Einkehr- und Übernachtungsmöglichkeiten.

Die Bode ist der längste und wasserreichste Fluss im Harz – und einer der schönsten. Ihre beiden Quellbäche, die Warme und die Kalte Bode, entspringen in den Hochmooren am Westhang des Brockens: die längere Warme Bode im Oderbruch zwischen Braunlage und Oderbrück, die Kalte Bode hat ihre Quelle nahe dem Dreieckigen Pfahl auf niedersächsischer Seite. Ihr folgt der Wanderweg: Er steigt von *Torfhaus (S. 56)* zum Dreieckigen Pfahl durch die Hochmoore am Westhang des Brockens. Danach folgt er dem Tal der Kalten Bode, die hier ein Wildbach mit starkem Gefälle ist. Sie durchfließt *Schierke (S. 81)* und das klippenreiche Elendstal. In *Elend (S. 81)* endet der erste Abschnitt, der am Hang des Brockens durch Bergfichtenwälder führt.

Der zweite Abschnitt überquert die *Elbingeröder Hochfläche*. Die Kalte Bode vereinigt sich in *Königshütte (S. 82)* mit der Warmen Bode und fließt in Schleifen durch die weite Talaue, die vor *Rübeland (S. 77)* zum engen Tal mit Buchenwald und Trockenrasenflächen wird. Vorbei an Baumanns- und Hermannshöhle verläuft der Weg bis *Neuwerk* im Hang über der Bode, verlässt danach den Fluss und führt über den Staudamm der Rappbode nach *Wendefurth (S. 73)*.

Hier beginnt der dritte und letzte Abschnitt, die klassische Bodetalwanderung, Insider Tipp die im tief eingeschnittenen Tal über *Altenbrak (S. 73)* und *Treseburg* nach *Thale (S. 42)* mit den Abstechern zur *Rosstrappe* und zum *Hexentanzplatz* führt, der schon den Germanen als Kultstätte diente. Lohnenswert auch ein Abstecher über die Brücke Katersteg zur Gaststätte Waldkater: In dieser Gegend soll es angeblich wieder die früher hier heimischen Wildkatzen geben.

Dort unten fließt die Bode: Blick von der Rosstrappe

Wandern, Wintersport und Trendiges

Zwischen Bergen und Tälern kann man winters wie sommers sportlich aktiv sein

Der Harz hat sein Gesicht in den vergangenen Jahren gründlich gewandelt. Waren es früher vorwiegend Kurgäste, die ins Mittelgebirge kamen, um einige geruhsame Tage hier zu erleben, so gibt es heutzutage immer mehr Angebote auch für junge und sportliche Gäste. Traditionelle und trendige Sportarten sind überall im Mittelgebirge eingezogen. Die Kurorte und besseren Hotels setzen auf Wellnessangebote, um damit den Verlust an Kurgästen auszugleichen. Wandern ist nach wie vor modern – auch in seinen neuen Formen, mit dem Rad zum Beispiel.

ANGELN

Im Harz finden Sie zum Angeln in Bächen, Teichen und Seen reichlich Gelegenheit. Ob Sie einen Angelschein oder eine Angelkarte brauchen, erfahren Sie in der Touristinformation und in Angelsportgeschäften.

Wird auch im Harz immer beliebter: Freeclimbing

FREECLIMBING

Im Sommer bieten sich viele Sportarten in freier Natur an. Wer den Mut hat, versucht es mit dem Klettern an Harzer Felswänden unter fachlicher Anleitung. Kletterfelsen finden Sie im Hochharz bei Schierke und Drei Annen Hohne, im Okertal und Ilsetal sowie bei Thale. Kletterwände zum Üben gibt es in Osterode *(Fit & Fun Fitnesscenter, Tel. 05522/720 85)*, in Schierke *(Aktiv-Center, Tel. 039455/868 12, www.schierke-am-brocken.de)* und in St. Andreasberg *(Bergsport-Arena, Tel. 0558/81 54, www.sankt-andreasberg.de)*.

Insider Tipp

GLEITSCHIRMFLIEGEN

Immer mehr im Trend liegt das Gleitschirmfliegen. Von steilen Bergwiesen aus geht es mit Schwung in die Harzer Lüfte, oder man lässt sich von einer Motorwinde am Seil nach oben ziehen. Die *Harzer Gleitschirmschule (Tel. 05322/437 37, www.harzergss.de)* hat in Bad Harzburg und in Goslar ihre Standorte.

GOLF

Golfplätze gibt es in Bad Harzburg *(Golf-Club Bad Harzburg, 9 Löcher, Tel. 05322/67 37)* und in Meisdorf beim *Parkhotel (18-Loch-Platz, Tel. 034743/980).*

KANU & KAJAK

Im Okertal finden Kanusportler ausgezeichnete Verhältnisse. Die *Technische Universität Clausthal* verleiht Kanus und andere Wassersportgeräte *(Tel. 05329/381, ab Mitte Mai erreichbar).*

MOUNTAINBIKING

Mountainbiking ist im Harz immer mehr im Kommen. Biker sollten jedoch nach Möglichkeit den Brocken meiden. Zum Brocken führen nur wenige Wege, und die gehören den Wanderern. Auch die Brockenstraße ist vor allem im oberen Teil an manchen Tagen kaum befahrbar, weil es hier von Fußgängern nur so wimmelt.

RADWANDERN

Geruhsamer geht es beim Radwandern zu. Fahren auf Fußwegen und querfeldein ist nicht nur in den Naturschutzgebieten tabu. Fahrräder können vielerorts ausgeliehen und in der Bahn und zum Teil auch in Bussen mitgenommen werden. Der europäische Radwanderweg R1 führt von West nach Ost entlang des Nordharzrandes. Wer will und ausreichend Zeit hat, kann auch auf dem Harzrandweg den gesamten Harz umrunden – ein einmaliges Erlebnis, das jedoch gut geplant sein will und einige Tage in Anspruch nimmt. Eine offizielle Radwanderkarte hat der *Regionalverband Harz (www.harzregion.de)* zusammen mit dem Allgemeinen Deutschen Fahrrad-Club herausgegeben. Sie enthält 19 Tourenvorschläge mit Streckenlängen von 29 bis 85 km.

Insider Tipp

REITEN

Möglichkeiten gibt es im Harz fast überall: *Reiterhof Buritz (Bad Harzburg), Tel. 05322/865 11; Reiterhof Benneckenstein, Tel. 039457/23 81; Reitanlage Braunlage, Tel. 05520/35 20, Reithof Wernigerode, Tel. 03943/241 44*

SURFEN & SEGELN

Die Harzer Stauseen bieten sich für Wassersport an. Beliebtes Surf- und Segelrevier ist der Oderstausee bei Bad Lauterberg. Zum Windsurfen eignet sich die Okertalsperre.

WANDERN

Trotz aller Trendsportarten bleibt der Harz vor allem ein Wanderparadies. Feste Wanderschuhe, wetterfeste Kleidung und ein Rucksack mit Getränken, Verpflegung, Karte und Erste-Hilfe-Päckchen sind empfehlenswert. Ins Gepäck gehört auch ein Handy, nicht um im Wald zu telefonieren, sondern um im Notfall schnell Hilfe rufen zu können. Besondere Vorsicht ist bei Wandertouren am Brocken geboten. Oftmals wird das eigene Leistungsvermögen überschätzt. Die *Harzer Bergwacht* unterhält einen Stützpunkt auf dem Berggipfel, besetzt an den Wochenenden rund um die Uhr, *Tel. 039455/515 25.*

Die Hochflächen im Ostharz sind ein herrliches Langlaufgebiet

Gut markierte Wanderwege gibt es allerorten, sodass man sich kaum verirren kann. Sie werden gepflegt von den Nationalparks und 89 ehrenamtlichen Harzklub-Zweigvereinen. Die kümmern sich um die Wegemarkierung, um Schutzhütten und Bänke. Im Wald weisen rotweiße Blechschilder mit grüner Harzklubtanne den Weg zur nächsten Raststätte – sie stammen von den Wegmeistern des Harzklubs. Die Nationalparks markieren die Wege mit Holzschildern. Bei den örtlichen Zweigvereinen oder Touristinformationen sind Wanderhefte zu bekommen, die die einzelnen Touren beschreiben. Wer gern in Gesellschaft wandert, kann sich geführten Touren anschließen. Eine Übersicht mit allen geführten Harzklub-Wanderungen eines ganzen Jahres gibt es beim *Harzklub-Hauptverein in Clausthal-Zellerfeld, Tel. 05323/817 58, www.harzklub.de*

WINTERSPORT

Auch wenn es manchmal am Schnee fehlt – der Harz bemüht sich, sein Image als Wintersportplatz zu erhalten. *Eissporthallen* in Braunlage und Altenau stehen für Schlittschuhläufer über die gesamte Wintersaison zur Verfügung. Dazu gibt es *Kunsteisbahnen*, z. B. in Bad Harzburg, Halberstadt und Schierke, allerdings nicht über die ganze Saison.

Rodeln ist überall möglich und bringt am meisten Spaß auf präparierten Bahnen. *Rodelbahnen*, zum Teil mit Flutlicht, gibt es in Altenau, St. Andreasberg, Braunlage, Torfhaus und Wildemann.

Über die *Skiangebote* informiert alljährlich eine aktuelle Wintersportkarte mit allen Pisten und Loipen, zu beziehen über *den Harzer Verkehrsverband* in Goslar, *www.harzinfo.de.*

Insider Tipp

Wilder Westen im Ostharz

Neben Erlebnisparks und Spaßbädern ist vor allem das Angebot der Nationalparks für die Kids interessant

Kinder wollen Ferienspaß statt Reisestress, Erlebnisse statt langer Autofahrten. Gerade das hat der Harz als nahes und zentral in Deutschland gelegenes Reiseziel zu bieten. Die Touristiker haben die Kinder als Zielgruppe erkannt und bemühen sich, entsprechende Angebote zu gestalten. Es gibt kinder- und familienfreundliche Hotels und Pensionen, von denen sich einige unter dem Kunstwort »Familotel« zusammengeschlossen haben *(z. B. das Panoramic in Bad Lauterberg, Tel. 05524/96 20, www.panoramic-hotel.net)* und einige Erlebnisparks.

Spaßbäder sind in ausreichender Zahl vorhanden. Vor allem im Osten wurden in den letzten Jahren viele neue Bäder gebaut und vorhandene saniert. Moderne und beliebte Spaßbäder mit Rutschen und verschiedenen Pools gibt es in diesen Orten: *Sehusa-Therme in Seesen; Silberbornbad in Bad Harzburg, Sealand in Halberstadt, Thyragrotte in Stolberg, Vitamar in Bad Lauterberg (www.vitamar.de), Salztal-Paradies in Bad Sachsa*

Früh übt sich, wer später mal »richtig« Walpurgis feiern will

Kindgerechte und pädagogisch wertvolle Touren in die Natur bieten vor allem die beiden Nationalparks an.

Wer im Harz mit seinen Kindern rodeln will, braucht nicht auf den Winter zu warten: Sommerrodelbahnen garantieren Rodelspaß auch bei 30 Grad im Schatten. Es gibt den *Harzbob* bei *Thale* am Hexentanzplatz *(Tel. 03947/25 00, tgl. 10–18 Uhr, Erw. 2 Euro, Kinder 1,50 Euro)* und die Bahnen bei *Wippra (Tel. 034775/201 58, tgl. 10–18 Uhr, Erw. 2 Euro, Kinder 1,50 Euro)* sowie *St. Andreasberg.*

Bei Eisenbahnfesten der Harzer Schmalspurbahnen können Kinder auf Führerständen echter Dampfloks mitfahren. Urlaub auf dem Bauernhof wird im Harz meist auf Reiterhöfen angeboten.

DER NORDHARZ

Hexentanzplatz bei Thale [109 E5]

Der Hexentanzplatz hat einiges für Kinder zu bieten: neben dem Harzbob (s.o.) einen *Tierpark* mit heimischen Wildtieren *(Nov.–Jan. tgl. 10–16, Feb.–April 9–17, Mai, Okt. 9–18, Juni–Aug. 9–19 Uhr, Eintritt*

3 Euro, Kinder bis 12 J. 2 Euro) und außerdem Theater auf der beeindruckendsten Freilichtbühne des Harzes. Märchen und Familienstücke gibt es am *Harzer Bergtheater* von Mai bis September. *Tel. 03947/23 24, www.harzer-bergtheater.de*

Insider Tipp

DER SÜDHARZ

Rothleimmühle Nordhausen **[112 C4–5]**
Dieses Angebot richtet sich eher an Eltern mit etwas älteren Kindern, denn »cool drauf« heißt es im Jugendgästehaus Rothleimmühle. Wohlfühlen und Spaß in der Gruppe stehen an erster Stelle. Hier können sich Jugendliche aus diversen Erlebnisbausteinen ihr individuelles Urlaubsspaßpaket zusammenstellen. Im Angebot: 007-Fantasy-Nachtwanderung, Streetball, Stadt-Rallye, Kegeln, über 4000 m^2 große Außenanlage mit Minigolf, Freiluftbackofen, Grillplatz und Sinnespfad. Außerdem kann man hier übernachten und sich verpflegen lassen. *Tel. 03631/90 23 91, www.cooldrauf.de*

Salztal-Paradies Bad Sachsa **[111 E5]**
Zu diesem Erlebnisbad mit 5000 m^2 großer Badelandschaft gehört eine Ferienanlage mit 24 Häusern mit je 2 Ferienwohnungen. Bei Buchung einer Wohnung ist der Badeaufenthalt inklusive. Außerdem gibt es eine neue, ganzjährig geöffnete Eislaufhalle, eine Tennishalle, Kinderspielplatz, Kinderanimationen, Erlebnisgastronomie, *www.salztal-paradies.de, Mo–Fr 9–22, Sa/So 8–22 Uhr, 2 Std. Badespaß: Erw. 6,30 Euro, Kinder 4,70 Euro*

DER OBERHARZ

Nationalpark Harz **[111 D–F 1–3]**
Kinder wollen mehr als nur wandern. Die Nationalparks Hochharz und Harz bieten Erlebnistouren in die Natur an. Es gibt spezielle Touren für reine Kindergruppen oder für Familien, so zum Beispiel eine Wanderung mit Spielen, bei der die Natur mit allen Sinnen erkundet wird *(Dauer: ca. 2–3 Std., versch. Treffpunkte)*. Genauere Informationen und Termine gibt es in den *Nationalparkhäusern Drei Annen Hohne (Tel. 039455/936) und St. Andreasberg (Tel. 05582/92 30 74)*

DER BROCKEN

Nationalpark Hochharz **[108 A–B 3–5]**
Brockenrundwanderweg: Wo einst die Brockenmauer stand, führen Ranger kostenlos einmal um den Gipfel. Gezeigt werden subalpine Vegetation und bei gutem Wetter tolle Aussichtspunkte. *Dauer: ca. 1 Std., in der Saison tgl. 11 und 13 Uhr, Treff am Brockenbahnhof*

Brockenhaus **[108 A4]**
Empfehlenswert ist ein Besuch der Ausstellung zum Nationalpark Hochharz im Brockenhaus auf dem höchsten Harzgipfel. Viele Multimedia-Effekte machen das Brockenhaus auch für junge Besucher interessant. Hier kann man ein Brockengewitter im Saal miterleben, auf einem Hexenbesen eine Luftfahrt rund um den Berggipfel unternehmen oder sich multimedial über die Nationalparks und die Klimasituation der Erde informieren. *Tgl. 9.30–17 Uhr, Eintritt 4 Euro, Kinder 2 Euro, Familien 8,50 Euro*

Insider Tipp

Überall gibt es etwas zu erforschen – wie hier im Kurpark von Braunlage

DER OSTHARZ

Westernstadt Pullman City II [108–109 C–D6]

Nicht überall, wo Harz draufsteht, ist auch Harz drin. Wer im Sommer über die Harzhochfläche nahe Hasselfelde fährt, sollte sich nicht wundern, wenn ihm am Wegesrand ein Cowboy mit Pferd begegnet. Nördlich von Hasselfelde (direkt an der B 81) ist in den vergangenen Jahren die Westernstadt Pullman City II gewachsen – ein besonderes Erlebnis für Kinder.

In der Westernstadt wird der Wilde Westen des 19. Jhs. live geboten. Mit einer Ausnahme – die Verherrlichung von Gewalt ist verpönt, Waffen werden nicht benutzt, wilde Schießereien gibt es nicht. Dafür steht das Motto »Mit Tieren zurück zur Natur« im Vordergrund. Es gibt Ponys, Trailpferde und Kutschen, dazu einen kleinen Zoo mit echten Bisons. In der Hauptsaison von Mai bis September wird täglich eine große Westernshow geboten, die mit Kultur und Geschichte Amerikas bekannt macht. Daneben laufen kleinere Auftritte von mexikanischen Musikgruppen, Countrysängern, Künstlern, und jeden Abend gibt es Livemusik in der Music Hall. Zur Westernstadt gehören ein Westernmuseum, ein Camp zum Goldwaschen, ein Abenteuerspielplatz, ein Indianerlager und ein Fort.

Übernachtungen sind möglich im »Grand Silver Star Hotel«, in Ranchhäusern, Blockhäusern im amerikanischen Fort oder ganz profan in Indianertipis (Stangenzelte). Wer in der Gruppe reist, hat hier mehr Spaß. *Tel. 039459/73 10, Fax 731 10, www.pullmancity-2.de. April–Okt. tgl. 10–1 Uhr, Eintritt 10 Euro, Kinder ab 1,31 m bis 16 J. 8 Euro, Kinder ab 4 J. bis 1,30 m 4 Euro, Authentiker (Western-Outfit) u. Wanderreiter frei*

Angesagt!

Was Sie wissen sollten über Trends, die Szene und Kuriositäten im Harz

Feiern – mal traditionell, mal verrückt

Die Harzer sind ein zänkisches Volk, aber sie feiern gern, und das auch mit ihren Gästen. Bei zahlreichen sommerlichen Stadtfesten wird unter freiem Himmel bis in die Nacht gefeiert. Brauchtums- und Schützenfeste erleben allerorten eine Renaissance, und immer

mehr im Kommen sind Historienfeste. Außerdem gibt es hier Feste, die es wirklich nirgendwo anders gibt: So zum Beispiel das Internationale Klöppelmeeting in Buntenbock; und wo kann man schon seinen Führerschein auf dem Hexenbesen machen – in Bad Grund und Bad Sachsa ist das nicht nur während des Walpurgisfestes möglich!

Brockenstürmer

Der Brocken ist eine Pilgerstätte vieler Tausend Wanderer geworden. Einmal oben sein zählt zum Muss eines Harzbesuchs. Einige Dutzend Harzer Wanderfreunde messen sich daran, wer die meisten Aufstiege vorzuweisen hat. Damit es mit dem Zählen klappt, bekommt jeder für jeden Aufstieg vom Brockenwirt einen Stempel in seinen Wanderpass. Die Vielwanderer treffen sich im »Klub der Hunderter« regelmäßig beim Brockenwirt. Den Rekord hält Benno Schmidt aus Wernigerode, der bereits über 3000 Mal oben war und (angeblich) täglich einmal geht.

Drums & Beats

Einmal zahlen – überall dabei sein, so lautet das Motto für Goslars bunteste Kneipennacht des Jahres, die Moonwalk-Kneipenparty. Bis weit nach Mitternacht spielen Livebands der Extraklasse in Bars und Szenekneipen. Die Boxen dröhnen und die Trillerpfeifen schrillen dagegen bei der jährlichen Ghettofusion-Party der Raver in Clausthal-Zellerfeld.

Sportlich, sportlich …

Was da neuerdings durch die Eishallen rutscht, sind nicht nur Menschen auf Kufen, sondern Großmutters Liebling, das Bügeleisen. Bei einem der zahlreichen Wettbewerbe können Sie sich mit Freunden und Einheimischen messen, wenn es darum geht, mit einem originalen Flach-, Anlege- oder Setzbügeleisen zielgenau die meisten Punkte zu sammeln.

Von Anreise bis Wetterbericht

Hier finden Sie kurz gefasst die wichtigsten Adressen und Informationen für Ihre Harzreise

ANREISE

Das nördlichste deutsche Mittelgebirge ist als Landschaft der geografische Mittelpunkt Deutschlands. Der überwiegende Teil der Harzbesucher kommt mit dem Auto. Und das schafft immer wieder Probleme. Staus und Parkplatznöte allenthalben. Überlegen Sie, ob Sie nicht stressfreier mit Bahn und Bus in den Harz kommen und so auch der Umwelt einen Gefallen tun.

Auto

Vier Autobahnstrecken umspannen den Harz. Die Nord-Süd-Achse A7 führt mit der Abfahrt Seesen am nächsten heran. Die Ost-West-Achse (Hannover–Berlin) hat bei Braunschweig einen Autobahnzubringer bis nach Bad Harzburg. Die Südachse (Dresden–Frankfurt) kreuzt in Gotha die B4/B81, die quer durch den Harz Nordhausen mit Halberstadt verbindet. Die Ostachse schließlich (Berlin–Halle–Jena) öffnet ab Halle mehrere Tore in den Harz.

Bahn

Die größeren Interregio- und D-Zugstrecken führen nur teilweise an den Harz heran (im Norden: Goslar, Bad Harzburg, im Süden: Nordhausen). Wichtige Umsteigebahnhöfe sind Hannover, Braunschweig, Hildesheim, Nordhausen, Halberstadt. Dafür umspannen kleinere Nebenstrecken das westliche Harzvorland, der Ostteil ist zum Teil mit Stichstrecken erschlossen. In den Harz hinein führen die landschaftlich großartige Rübeland-

Die MARCO POLO Bitte

WWF

Marco Polo war der erste Weltreisende. Er reiste in friedlicher Absicht, verband Ost und West. Er wollte die Welt entdecken, fremde Kulturen kennen lernen, nicht zerstören. Könnte er heute für uns Reisende nicht Vorbild sein? Aufgeschlossen und friedlich sollte unsere Haltung auf Reisen sein. Dazu gehören auch Respekt vor Mensch und Tier und die Bewahrung der Umwelt.

Bahn und die idyllische Wippertalbahn (»Wipperliese«). Das Schmalspurnetz der HSB (Harzquerbahn, Brockenbahn, Selketalbahn) erschließt den mittleren Harz sowie den Hochharz östlich des Brockens.

Bus

Aus allen Himmelsrichtungen und Großstädten Deutschlands fahren Sonderbusse und Pauschalunternehmen direkt in ausgewählte Harzorte. Im Winter werden Skibusse eingesetzt. Das Busnetz im Harz ist dicht, unversorgte Orte gibt es nicht, das Umsteigen zwischen Bus und Bahn klappt gut.

AUSKUNFT

Harzer Verkehrsverband

Marktstr. 45, 38640 Goslar, Tel. 05321/340 40, Fax 34 04 66, www.harzinfo.de

Harzklub (Wanderverein)

Bahnhofstr. 5 a, 38678 Clausthal-Zellerfeld, Tel. 05323/817 58, Fax 812 21, www.harzklub.de

Nationalparkverwaltung Harz

Oderhaus, 37444 St. Andreasberg, Tel. 055 82/918 90, Fax 91 89 19, www.nationalpark-harz.de

Nationalparkverwaltung Hochharz

Lindenallee 35, 38855 Wernigerode, Tel. 03943/550 20, Fax 55 02 37, www.nationalpark-hochharz.de

BADEN

Im Juli und August sind die Harzer Teiche und Seen meist wärmer als ihr Ruf. Freibäder und Waldbäder haben von Juni bis Mitte September offen. Bäche und Flüsse eignen sich dagegen meist nur zum Wassertreten. Beachten Sie Badeverbote in einigen wenigen Gewässern.

CAMPING

Der Harzer Verkehrsverband in Goslar gibt gratis ein informatives Heft mit allen Plätzen im Harz und Vorharz heraus. Frei Campen ist nicht erwünscht, in den Naturschutzgebieten ist es ohnehin verboten.

FERIEN AUF DEM BAUERNHOF

Zahlreiche Anbieter am Harzrand, z. T. mit attraktiven Reitmöglichkeiten und Hofläden. Auskunft: *Zentrale für den Landurlaub, Heerstr. 73, 53111 Bonn, Tel. 0228/96 30 20, Fax 963 02 33, www.bauernhofurlaub.com*

Was kostet wie viel?

Kaffee	**1,60 bis 2,50 Euro** für ein Kännchen
Bier	**1,60 bis 2 Euro** für 0,3 l vom Fass
Imbiss	**3 bis 4 Euro** für Erbsensuppe mit Wurst
Souvenir	**ab 2 Euro** für eine Brockenhexe
Spaßbäder	**ab 3,50 Euro** pro Stunde
Bahn	**22 Euro** auf den Brocken und zurück

INTERNET

Im Netz bekommen Sie viele Harzinformationen:
www.harz.de: Portal für viele Internetadressen im Harz.
www.nationalpark-harz.de und *www.nationalpark-hochharz.de:* Links zu Natur und umweltbewusstem Urlaub im Harz auch außerhalb der Parks.
www.harzer.koeche.harz.de: mit Rezepten zum Nachkochen.
www.harzregion.de: der Regionalverband und die Landkreise.

INTERNETCAFÉS

Eine im Harz sehr rare Einrichtung: Im *Gut Drebsdorf bei Sangerhausen* und im *Vitamar-Bad bei Bad Lauterberg* gibt es solche Cafés. Wer nur seine Mails abholen will, kann dazu öffentliche Bibliotheken nutzen, die meist einen Online-Zugang haben.

JUGENDHERBERGEN

Wanderern mit DJH-Ausweis stehen 15 Jugendherbergen und 6 Naturfreundehäuser offen, die meist im Abstand von halb- und ganztägigen Wanderungen liegen. Voranmeldung ist ratsam.

KURORTE & KURTAXE

Reine Luft gibt es fast überall im Harz, und so können sich viele Gemeinden heilklimatischer Kurort nennen. Das Prädikat »Bad« ist nur Orten mit heilkräftigen Quellen vorbehalten.

Kurtaxe wird in fast allen Ferienorten fällig, 1–2 Euro pro Tag und Person. Dafür erhalten Sie eine *Kurkarte* oder die *Harzer Gastkarte.* Diese gewährt viele Vergünstigungen (s. Rubrik »Preise«).

PREISE

So wie die ehemalige Grenze zwischen Ost- und Westteil des Mittelgebirges kaum noch spürbar ist, haben sich auch die Preise angeglichen. Unterschiede sind nur noch punktuell vorhanden. Viele Orte haben Gästekarten eingeführt, die es bei Entrichtung der Kurtaxe gibt. Die Heftchen enthalten Bonusschecks für viele touristische Angebote. Wer diese Angebote sowieso nutzen wollte, kann mit der Gästekarte sparen.

Der Eintritt in die Museen liegt zwischen 3 und 8 Euro, für Stadtführungen müssen Sie mit 3 bis 5 Euro rechnen. Bei Bus und Bahnen, Museen und Galerien lohnt es, Kombitickets zu nutzen. Die Harzer Schmalspurbahnen bieten Kombitickets für Familien und Urlauber – einmal zahlen, mehrfach fahren ist die Devise. Nach dem gleichen Prinzip funktioniert die Museumskarte etwa in Halberstadt oder Quedlinburg. Für einen Preis können dort mehrere Museen besichtigt werden.

VERANSTALTUNGSKALENDER

Infoblätter verteilen die Kurverwaltungen und Touristinformationen. Umfassend sind die beiden Monatsmagazine, die gratis überall ausliegen: Die »Hexe« bringt mehr Szenetipps, die »Brockentipps« mehr zu traditionellen Veranstaltungen, Ausflügen und Wanderungen.

WETTERBERICHT

Präziser und aktueller als die Wetterberichte im Radio (MDR, NDR, Radio Brocken) sind der Wetter- und Wintersportbericht des *Harzer Verkehrsverbandes (Tel. 05321/ 200 24–25)*, die Fremdenverkehrsbüros und im Internet *www.harzinfo.de* und *www.nationalpark-harz.de* mit Brocken-Webcam.

Wetter in Braunlage

	Jan.	Feb.	März	April	Mai	Juni	Juli	Aug.	Sept.	Okt.	Nov.	Dez.
Tagestemperaturen in °C	0	3	5	9	14	18	19	19	16	10	4	1
Nachttemperaturen in °C	–5	–5	–2	1	5	8	11	10	8	4	0	–3
Sonnenschein Std./Tag	2	3	4	6	7	7	6	6	5	4	2	1
Niederschlag Tage/Monat	21	18	16	17	16	15	18	16	15	17	19	19

Reiseatlas Harz

Die Seiteneinteilung für den Reiseatlas finden Sie auf dem hinteren Umschlag dieses Reiseführers

Kartenlegende Reiseatlas

Autobahn · Gebührenpflichtige Anschlussstelle · Gebührenstelle · Anschlussstelle mit Nummer · Rasthaus mit Übernachtung · Raststätte · Kleinraststätte · Tankstelle · Parkplatz mit und ohne WC	Trento · 11	Motorway · Toll junction · Toll station · Junction with number · Motel · Restaurant · Snackbar · Filling-station · Parking place with and without WC
Autobahn in Bau und geplant mit Datum der Verkehrsübergabe	Datum · Date	Motorway under construction and projected with completion date
Zweibahnige Straße (4-spurig)		Dual carriageway (4 lanes)
Fernverkehrsstraße · Straßennummern	14 · E45	Trunk road · Road numbers
Wichtige Hauptstraße		Important main road
Hauptstraße · Tunnel · Brücke		Main road · Tunnel · Bridge
Nebenstraßen		Minor roads
Fahrweg · Fußweg		Track · Footpath
Wanderweg (Auswahl)		Tourist footpath (selection)
Eisenbahn mit Fernverkehr		Main line railway
Zahnradbahn, Standseilbahn		Rack-railway, funicular
Kabinenschwebebahn · Sessellift		Aerial cableway · Chair-lift
Autofähre		Car ferry
Personenfähre		Passenger ferry
Schifffahrtslinie		Shipping route
Naturschutzgebiet · Sperrgebiet		Nature reserve · Prohibited area
Nationalpark, Naturpark · Wald		National park, natural park · Forest
Straße für Kfz. gesperrt		Road closed to motor vehicles
Straße mit Gebühr		Toll road
Straße mit Wintersperre	XII-II	Road closed in winter
Straße für Wohnanhänger gesperrt bzw. nicht empfehlenswert		Road closed or not recommended for caravans
Touristenstraße · Pass	Weinstraße · 1510	Tourist route · Pass
Schöner Ausblick · Rundblick · Landschaftlich bes. schöne Strecke		Scenic view · Panoramic view · Route with beautiful scenery
Heilbad · Schwimmbad		Spa · Swimming pool
Jugendherberge · Campingplatz		Youth hostel · Camping site
Golfplatz · Sprungschanze		Golf-course · Ski jump
Kirche im Ort, freistehend · Kapelle		Church · Chapel
Kloster · Klosterruine		Monastery · Monastery ruin
Schloss, Burg · Schloss-, Burgruine		Palace, castle · Ruin
Turm · Funk-, Fernsehturm		Tower · Radio-, TV-tower
Leuchtturm · Kraftwerk		Lighthouse · Power station
Wasserfall · Schleuse		Waterfall · Lock
Bauwerk · Marktplatz, Areal		Important building · Market place, area
Ausgrabungs- u. Ruinenstätte · Bergwerk		Arch. excavation, ruins · Mine
Dolmen · Menhir · Nuraghen		Dolmen · Menhir · Nuraghe
Hünen-, Hügelgrab · Soldatenfriedhof		Cairn · Military cemetery
Hotel, Gasthaus, Berghütte · Höhle		Hotel, inn, refuge · Cave
Kultur		**Culture**
Malerisches Ortsbild · Ortshöhe	WIEN (171)	Picturesque town · Elevation
Eine Reise wert	★★ MILANO	Worth a journey
Lohnt einen Umweg	★ TEMPLIN	Worth a detour
Sehenswert	Andermatt	Worth seeing
Landschaft		**Landscape**
Eine Reise wert	★★ Las Cañadas	Worth a journey
Lohnt einen Umweg	★ Texel	Worth a detour
Sehenswert	Dikti	Worth seeing
Ausflüge & Touren		**Excursions & tours**

LISTRINGEN
Grasdorf
Rhene
Delber am weißen Wege
Elberberg
Schloss
Derneburg
HOCKELN
Kanzelberg
Zur Rast
Binder
Groß Elbe
Gustedt
SALZ
Holle
Baddeckenstedt
Sottrum
Elbe
Dreieck Salzgitter
Hackenstedt
Freizeitpark
Sillium
Klein Heere
Klein Elbe
Steinlah
Dahle
Hennecken-rode
Heere
Groß Heere
Söder
Buchberg
Burg Wohldenberg
Gut Nienhagen
Jägerturms-köpfe
Haverlah
Gut Söderhof
SCHLEWECKE
NETTE
WERDER
Sehlde
RINGELHEIM
GITTER
Landes-krankenhaus
Ambergau
BÜLTUM
VOLKERS-HEIM
Papenberg
Kalter Buschkopf
Hainberg
BÖNNIEN
STÖRY
ILDE
HARY
Bodensteiner Klippen
Neuwallmoden
Westerberg
Alt Wallmoden
Papenberg
Windenberg
Upen
MAHLUM
Wallmoden
BOCKENEM
Bockenem
Bodenstein
Lutter am Barenberge
Ostlutter
KÖNIGS-DAHLUM
ORTSHAUSEN
Nauen
BORNUM AM HARZ
Ammenhausen
JERZE
BREDELEM
Birkenberg
Glashütte
WOHLEN-HAUSEN
Drögenberg
Rhode
Deutsche Fachwerkstr.
Deutsche Alleenstraße
Wildemeersberg
Kolonie Karlsfund
Osterköpfe
LANGELS-HEIM
Hagen
GROSS RHÜDEN
Rhüden (Harz)
Ödishausen
Hahausen
Heuberg
Ober-panshausen
KLEIN-RHÜDEN
Langenberg
Neuekrug
Voßtalerberg
Unter-panshausen
Klingenhagen
Staatsforst Langelsheim
Sangenberg
MECHTSHAUSEN
Heber
Langenberg
Gr. Bakenberg
Groß Krautliet
BORNHAUSEN
REMSHEIM
Innerste-stausee
Westerberg
Hohenstein
WOLFS-HAGEN
Schildberg
Ruine Wohlenstein
ACKEN-HAUSEN
SEESEN
BILDERLAHE
Brau- und Hochzeitshaus
Rote Klippe
Ecksberg
Seesen (Harz)
Sanatorium Schildautal
Gr. Trogtaler Berg
Heimberg
Lauseberg
LAUTENTHAL
HAHNENKLEE
ENGELADE
HERRHAUSEN
DANNHAUSEN
Netteberg
Neckelnberg
HACHEN-HAUSEN
„Seesen"
Staatsf. Lautenthal
BOCKSWIESE
HARRIEHAUSEN
KIRCHBERG
MÜNCHEHOF
Eselsberg
ILDE-HAUSEN
Torenberg
Adlersberg
Harz-Hochstraße
WILDEMANN
Vogelberg
Domäne Fürstenhagen
Hasenberg
Wiershausen
Hohe Rott
Ruine Stauffenburg
Albertturm
Hübichenstein
Iberger Tropfsteinhöhle
Einersberg
Staatsf.
Domäne Stauffenburg
Oldenrode
Seesen II
Lauseberg
Düderode
BAD GRUND (Harz)
CLAUS-THAL-
3km
Gittelde
Laubhütte
Oldershausen
Vogelsang
Windhausen
Seidelskopf
Aue
Teichhütte
Rolandskopf
Willershausen
110
Willensen
106
Baden-hausen
Bornsberg
BUNTE
Westerhof
Eisdorf
Staatsforst

D
E
F
1
2
3
4
5
Lobmachtersen
Calbecht
Flachstöckheim
Stöckheim
Beinum
Ohlendorf
Groß Mahner
Salzgitter Bad
Klein Mahner
Nienrode
Groß Flöthe
Flöthe
Klein Flöthe
Wald
Dorstadt
Deutsche Ferienroute Alpen-Ostsee
Calenberg
189
Flöthe
Heiningen
(85)
Werlaburgdorf
Altenrode
165
Burgberg
Gielde
Lüderode
142
Meiersberg
Neuenkirchen
Schladen-Nord
Westerberg
103
Bornum
Klotzberg
146
Börßum
Oker
Groß Biewende
150
Möncheberg
110
Achim
143
Achimer Berg
Seinstedt
Ruine Werla
Hornburg
Warne
Schlangenfarm
Isingerode
Galgenberg
167
Schladen
(98)
126
Göddeckenrode
Rimbeck
Bühne
Bärenkopf
307
Liebenburg
(135)
Heimerode
Othfresen
Groß Döhren
Klein Döhren
Wehre
Schladen-Süd
Heissum
Kunigunde
(163)
191
Oheberg
Beuchte
Lengde
Warberg
134
137
Wülperode
Querberg
303
Weddingen
Deutsche Fachwerkstraße
Lengde
Harlyberg
256
Suderode
Stötterlingen
158
Dörnten
Kuckucksberg
297
Wöltingerode
Vienenburg
Wiedelah
Wasserburg
Hahndorf
Pfeifenberg
193
Wennerode
Jerstedt
Immenrode
Eisenbahnmuseum
Vienenburg-Ost/Osterwieck
Kleinshofsiedlung
Gut Grauhof
Vienenburg
Radau
Lochtum
Stimmecke
Astfeld
Staatsgut Riechenberg
Gut Ohlhof
163
Abbenrode
188
Jürgenohl
Wart Turm
335
Harlingerode
Gut Radau
Bettingerode
Steinberg
472
Neuwerk
Petersberg
Rathaus
Kaiserpfalz
Oker
304
Langenberg
Westerode
Goslar
(320)
Bergbaumuseum Rammelsberg
Rammelsberg
635
Okertal
536
Göttingerode
Schlewecke
Eckertal
Bad Harzburg
(300)
Butterberg
Adenberg
Bundheim
Goslarer Stadtforst
648
527
Deutsche Fachwerkstraße
Brautstein
Deutsche Ferienroute Alpen-Ostsee
487
Gr. Burgbg.
600
Schleifsteinberg
670
Dicker Kopf
605
Kästeklippe
555
Kaltetalskopf
Zwieselkopf
587
671
Staatsforst
Staatsforst Harzburg
Whs. Auerhahn
Clausthal-Schulenberg
Wasserfall
Molkenhaus
Forst Ilsenburg
Auerhahn
762
Gr. Wiesenberg
645
Schalke
Radaufälle
Hasselkopf
589
Gierskopf
595
607
Okerstausee
Marienteichbaude
Radauberg
618
Eckerstausee
Schulenberg im Oberharz
Oberer
747
644
Meineckenberg
530
Zellerfeld
(Bergstadt)
(560)
561
Kellwasser
Abbenstein
769
Nationalpark
Kl. Brocken
1019
Brocken
1142
Museum
Mittelberg
667
Lerchenköpfe
Nationalpark-information
Torfhaus
Quitschenberg
882
Altenau
821
Hellertaler Graben
Staatsforst
567
Harz
918
Wolfswarte
927
1033
1044
Ilsequelle
Forst Schierke
Renneckenberg
951
Staatsforst Bruchberg
Oderteich
Oderbrück
Hochharz
Clausthal-
Altenau
Achtermann
Schierke
Wolfskopf
Harz-Hochstraße
E6
6
241
248
395
82
498
242
4
111

A
B
C
Rimbeck
Bühne
Hoppenstedt
OSTERWIECK
Straße der Romanik
Deersheim
DARDESHEIM
Bad Druib
Wülperode
Stötterlingen
Suderode
WIEDELAH
Wasserburg
Lüttgenrode
Wennerode
Deutsche Alleenstraße
Schauen
Berßel
Zilly
Vienenburg-Ost/Osterwieck
LOCHTUM
Abbenrode
BETTINGERODE
Wasserleben
Mulmke
Langeln
Lerchenfeld
Saßberg
Veckenstedt
Heudeber
Deutsche Fachwerkstraße
Schmatzfeld
Stapelburg
Eckertal
BAD HARZBURG
ILSEN-BURG
Reddeber
MINSLEBEN
Zwißelkopf
Drübeck
Lustberg
Klosterkirche
Schloss
Altenrode
Forst Ilsenburg
Gierskopf
Darlingerode
WERNIGERODE
Ilsefälle
Rathaus
Schloss
Sankt Sylvester
Wildpark
Fenstermacherberg
NÖSCHENRODE
HASSERODE
Oberer Meineckenberg
Nationalpark
Kl. Brocken
Brocken
Museum
Steinerne Renne
Hilmersberg
Büchenberg
Schaubergwerk Büchenberg
Renneckenberg
Hohneklippen
Ilsequelle
Ortberg
Jasperode
Forst Schierke
Hochharz
Feuersteinklippen
Drei Annen Hohne
ELBINGE-RODE
Kalk
Kaltestal
Besucherbergwerk
Rübeland
Schierke
Wurmberg
Kl. Winterberg
Schnarcherklippen
Baumannshöhle
Gr. Hornberg
Rothehütte
Hahnenkopf
Hermannshöhle
Königskrug
Elend
Königshof
Susenburg
Bodefall
Kalte Bode
Königshütte
Rappbodetalsperre
BRAUNLAGE
Rauher Jacob
Warme Bode
Rabenstein
Hasselkopf
Harz-Hochstraße
Tanne
Trageburg
Sorge
Trautenstein
Butterkopf
Rotacker
Hohegeiß
Wolfsberg

107
112

D
E
F
Eilsdorf
Anderbeck
Deutsche Alleenstraße
Dingelstedt am Huy
Eilenstedt
Haus Nienburg
Arbkethal
Röderhof
Huy-Neinstedt
Wilhelmshall
Huysburg
Kloster Huysburg
Mönchhai
Buchenberg 314
Paulskopfwarte
SCHWANEBECK
Straße der Romanik
Deutsche Alleenstraße
Aspenstedt
Sargstedt
Athenstedt
Groß Quenstedt
Holtemme
EMERSLEBEN
NEU RUNSTEDT
KLEIN QUENSTEDT
Vorwerk Emersle
Schachdorf Ströbeck
SARGSTEDTER SIEDLUNG
Danstedt
WEHRSTEDT
ADAC
Dom
Liebfrauenkirche
HALBERSTADT
Veltenmühle
Mahndorf
Kleiberg
DERENBURG
Jagdhaus Tiergarten
Spiegelsberge
Wilhelmshöhe
Harsleben
Böhnshausen
Langenstein
KLUSSIEDLUNG
Gedenkstätte Zwieberge
Hoppelberg 308
Heidberg 215
MÜNCHENHOF
Goldbach
Ruine Regenstein
BÖRNECKE
Westerhausen
Zapfenbach
MICHAELSTEIN
BLANKENBURG
SIEDLUNG GEHREN
Straße der Romanik
Deutsche Fachwerkstraße
BORNHOLZ WEGSIEDLUNG
Helsungen
Schlossberg
Rathaus
Stiftskirche
QUEDLINBURG
Brauner Sumpf
Cattenstedt
Teufelsmauer
Timmenrode
Warnstedt
Weddersleben
Hüttenrode
Krautberg
Jordansbach
THALE
Bode
Wienrode
Neinstedt
QUARMBECK
Neuwerk
Almsfeld
BENNECKENRODE
Talsperre Wendefurth
Krugberg
Rosstrappe
Bergtheater
Münchenberg
Stecklenberg
Straße der Romanik
Wendefurth
Rappbodetalsperre
Bodetal
Hexentanzplatz
Georgshöhe
Kalziumquelle
Stiftskirche
Altenbrak
Lauenburg
Bad Suderode
Gr. Stemberg
Rabensteine
GERNRODE
Treseburg
Mailaubenkopf 494
Ramberg
Glashüttenkopf 479
Friedrichsbrunn
Viktorshöhe 582
3km
Allrode
Stiege
MAGDESPRUNG
Ellenberg 491
ELSFELDE

113

106
110
Wiershausen
Hohe Egge
Ruine Stauffenburg
Oldenrode
Domäne Stauffenburg
Düderode
Seesen II
Gittelde
(211)
Vogelsang
Oldershausen
Aue
Rolandskopf
321
Willensen
Teichhütte
Willershausen
Westerhof
Eisdorf
Neuhütte (170)
R. Hindenburg
Oberhütte
KATZENSTEIN
NIENSTEDT
Bornberg
FÖRSTE
PETERSHÜTTE
Schulberg
Ruine Pipinsberg
Ruine Lichtenstein
Brunstein
Marke
ELVERSHAUSEN
Büchenberg
OSTERODE
am Harz
(230)
DORSTE
Moosberg
UHRDE
Beierfelde
Rosenberg
Rhume
Berka
Katlenburg-
Heidberg
Dohm
Katlen-B.
Sonnenberg
SCHWIEGERSHAUSEN
Himmelsberg
Wulften
Klusberg
Hörden
Jettenhöhle
Krücker
DÜNA
Klinkerbrunnen
Wachenhausen
Oder
-Lindau
Max-Planck-Institut
Bilshäuser Kopf
Rotenberg
Hattorf
am Harz
Elbingerode
Ochsenberg
Auekrug
Gillersheim
Wehberg
Bilshausen
Großer Berg
Heimkenberg
Gieboldehausen
(155)
Kleiner Lohberg
Bodensee
Renshausen
Hoher Stieg
Höherberg
Holzerode
Deutsche Alleenstraße
Krebeck
Wollbrandshausen
Rollshausen
Mittelberg
Wollershausen
König Heinrichs Vogelherd
Deutsche Ferienroute Alpen-Ostsee
Lütgenhausen
Rhumspringe
Spitzenröder Berg
Ebergötzen
Brückenberg
Rüdershausen
Suhle
Bernshausen
Germershausen
Kuhhirtsberg
Hilkerode
Seeburg
Seeburger See
Waake
Obernfeld
Hübental
Seulingen
Deutsche Alleenstraße
Landolfshausen
Esplingerode
Hörberg
Breitenberg
Langenhagen
Brochthausen
Mackenrode
Deutsche Märchenstraße
Desingerode
MINGERODE
Fuhrbach
Potzwenden
Ottenberg
WESTERODE
Sulberg
Deutsche Fachwerkstraße
Falkenhagen
WERXHAUSEN
Riekenrode
DUDERSTADT
Kloster
Rathaus
Sattenhausen
Himmigerode
Ecklingerode
Wüllmarshausen
NESSELRÖDEN
GERBLINGERODE
Hahle
Unterreichsfeld
Eichsfeld
Lausebberg
Teufelstal
BAD GRUND
(Harz)
(325)
Windhausen
Badenhausen
Hübichenstein
Iberger Tropfsteinhöhle
Albertturm
WILDEMANN
Lauthentals Glück
Einersberg
CLAUSTHAL-
Seidelskopf
Bornsberg
Staatsforst
Knöppelberg
LERBACH
Osterode
LASFELDE
FREIHEIT
Sösenkopf
Scheerenberg
Eulenburg
Augustental
Deutsche Ferienroute Alpen-Ostsee
Deutsche Fachwerkstraße
Mühlenberg
Harz
Hasenberg

107

ELLERFELD
(Bergstadt)
ALTENAU
Kellwasser
Mittelberg
Lerchenköpfe
Nationalpark-information
Torfhaus
Quitschenberg
Brocken
Museum
Kl. Brocken
Meineckenberg
Nationalpark
Hellertaler Graben
Staatsforst
Wolfswarte
Staatsforst Bruchberg
Nationalpark
Altenau
Oderteich
Oderbrück
Forst Schierke
Hochharz
Schierke
Wurmberg
Sonnenberger Weghaus
Harz-Hochstraße
Wolfskopf
Kamschlacken
Achtermannshöhe
Königskrug
Schluft
Gr. Sonnenberg
Rehberg
Bodefall
Gr. Breitenberg
Auf dem Acker
Kuppe
Harz
BRAUNLAGE
SANKT ANDREASBERG
Hasselkopf
Warme
Rohrtalskopf
Königsberg
Sieber
Glockenturm
Silberhütte
SIEBER
Freizeitpark
Langfast
Koboltstaler Köpfe
Breitenberg
Adlersberg
Staatsforst
Groß Knollen
Naturpark
Hammerhütte
Eichelnkopf
Kupferhütte
Staatsforst
Stausee
Stöberhai
Wagnerskopf
Staatsforst Wieda
ERZBERG
Harz
Odertal
Bismarckturm
BAD LAUTERBERG
im Harz
Lauterberg
Quitschenkopf
Vitamar
Käseberg
Wieda
Zorge
Steinkirche
Einhornhöhle
Ruine Scharzfels
Harz
Berghotel
Kühle
BARBIS
Oderfeld
Königshütte
Wiesenbeker Teich
Nesselkopf
BAD SACHSA
Walkenried
Salztal-Paradies
Westerstein
BARTOL-FELDE
Königshagen
STEINA
Gr. Bornberg
OSTER-HAGEN
Heideberg
Klosterruine
Kuhtalsberg
Bahnhof Tettenborn
NEUHOF
Weilrode
Silkerode
Römerstein
TETTENBORN
Branderode
Wunderberg
Bockelnhagen
Klettenberg
Obersachswerfen
Zwinge
Mackenrode
Tellenberg
Ichte
Holbach
Limlingerode
Stöckey
Hohenstein
Weißenborn-Lüderode
Helme
Pützlingen
Gerode
Schiedungen
Epschenrode
3km
Rolandsberg
Trebra
Gratzungen
Etzelsrode
Wenderhütte
Bischofferode
Immenrode
Königsthal
Bliedungen

112

108

Hasselkopf
612
Harz-Hochstraße
Tanne
485
568
Warme Bode
Rabenstein
490
439
Trageburg
Sorge
Trautenstein
500
560
Butterkopf
Rotack
684
Vord.-Ebersberg
555
Hohegeiß
(640)
Wolfsberg
600
BENNECKEN-STEIN
Carlshaushöhe
626
Buchenberg
Wagnerskopf
633
Forst Wieda
614
Rauhe Höhe
604
Käseberg
Zorge
584
Hoheharz
635
Großer Ehrenberg
ROTHESÜTTE
Sophienhof
Eisfelder Talmühle
554
Staufenberg
495
Sülzberg
476
570
Zwergsberg
Butterberg
539
Wieda
Christianen-haus
SÜLZHAYN
Netzkater
Schaubergwerk
Rabensteiner Stollen
Talbrauerei
601
ELLRICH
304
Walken-ried
(275)
357
Poppenberg
WERNA
APPENRODE
Ilfeld
Kloster-ruine
Langenberg
324
Wiegersdorf
Karstwanderweg
339
Branderode
Sülze
Osterode
288
Wiedigshof
GUDERS-LEBEN
WOFFLEBEN
Nieder-sachs-werfen
Harzungen
Klettenberg
Obersachswerfen
265
Mauderode
Wieda
Liebenrode
Holbach
322
HÖRNINGEN
Gedenkstätte „Dora“
Rüdigsdorf
Zorge
Steinsee
Stöckerberg
Schnabelmühle
KRIMDERODE
Pützlingen
Günzerode
HOCHSTEDT
Petersd
NORD-HAUSEN
250
Rolandsberg
Haferungen
HERREDEN
Etzelsrode
Gratzungen
SALZA
Kleinwechsungen
Rathaus
Dom zum hl. Kreuz
(187)
HIMME GARTE
Immenrode
228
213
224
Königsthal
Groß-wechsungen
HESSERODE
Werther
Fronderode
Klein Werther
Kehmstedt
Schern
Werther
SUNDHAUSEN
304
Stacksberg
Kiekendorfer Berg
289
266
298
Groß Werther
Butterberg
Wipperdorf
Nordhausen
167
ECHTERODE
BLEICHERODE OST
Pustleben
Schate
STEIN-BRÜCKEN
Wipper
Mörbach
Uthleben
BLEICHE-RODE
311
Wollersleben
Nohra
Hain
Kinderode
ELENDE
Hühnstein
316
Münchenlohra
Rüxleben
Großlohra
Wolframs-hausen
Kleinfurra
Nieder-gebra
Kleinwenden
353
Groß-wenden
Hainrode
Ludwigshall
Paßberg
Friedrichs-lohra
294
221
Neuheide
452
3km
Wernrode
Kali
Schacht Immenrode
Straußberg
GROSSFURRA
439

GERNRODE
Treseburg
Rabensteine
Mailaubenkopf
Glashüttenkopf
Friedrichsbrunn
Viktorshöhe
SELFELDE
Allrode
Stiege
Bärenrode
Harz-Hochstraße
Ellernberg
ALEXISBAD
GÜNTERSBERGE
Albrechtshaus
Siptenfelde
Hirschbuchenkopf
HARZGERODE
FRIEDRICHS-HÖHE
SILBER-HÜTTE
Schalliete
Breitenstein
Straßberg
Neudorf
Bergbau-museum Glasebach
Birkenkopf
Dankeröder Berg
Josephskreuz
Großer Auerberg
Hainfeld
Schloss
STOLBERG
Martinikirche
Fachwerkhäuser
Thyragrotte
Schwenda
Hayn
Neuhaus
Paßbruch
Deutsche Fachwerkstraße
Sperberhöhe
Wolfsberg
Karlsrode
Breitenbach
Rodishain
Alter Stolberg
Stempeda
Dietersdorf
Rottleberode
Hoher Kopf
Heimkehle
Uftrungen
Breitungen
Reesberg
Agnesdorf
Questenberg
Wickerode
Urbach
Rodeberg
Rosperwenda
Roßla
Dittichenrode
Windehausen
Görsbach
Bösenrode
Berga
Bennungen
THÜRINGEN
Helme
Aumühle
Talsperre Kelbra
KELBRA
SITTENDORF
Hamma
Auleben
Rothenburg
Burg Kyffhausen
Tilleda
Kulpenberg
Kyffhäuserdenkmal
Stöckey
Badra
Naturpark Kyffhäuser
Königslehde
Schersen
Rathsfeld
Barbarossahöhle
Kyffhäuser Gebirge

109
113

QUEDLINBURG
THALE
Warnstedt
Weddersleben
Neinstedt
Timmenrode
Bode
Münchenberg
Stecklenberg
Bergtheater
Georgshöhe
Lauenburg
Bad Suderode
GERNRODE
Stiftskirche
Rieder
Roseburg
BALLENSTEDT
OPPERODE
Bismarckturm
Badeborn
Ruhmberg
Asmusstedt
Radis
MORGENROT
Seweckenberge
GERSDORFER BURG
QUARMBECK
Straße der Romanik
Rathaus
Schlossberg
Stiftskirche
BORNHOLZ-WEG SIEDLUNG
Schloss
Mailaubenkopf
Ramberg
Viktorshöhe
Mansfelder
Selketal
Burg Falkenstein
Burg Anhalt
MÄGDESPRUNG
Ellernberg
ALEXISBAD
Siptenfelde
Hirschbuchenkopf
HARZGERODE
Leineberg
Leinemühle
Molmerswende
G.-A.-Bürger Museum
Schielo
Steinbrücken
SILBERHÜTTE
Straßberg
Bergbaumuseum Glasebach
Neudorf
Königerode
Dankeröder Berg
Dankerode
Braunschwende
Hermer
Popperode
Wipper
Schiefergraben
Wippra
Unterharz
Hayn
Sperberhöhe
Wolfsberg
Neuhaus
Paßbruch
Bodenschwende
Hayda
Karlsrode
Breitenbach
Rotha
Horla
Dietersdorf
Grillenberg
Wettelrode
Morungen
Lengefeld
Meuserlengefeld
Hoher Kopf
Hainrode
Breitungen
Questenberg
Agnesdorf
Großleinungen
Kleinleinungen
Wickerode
Drebsdorf
Großer Buchberg
Dittichenrode
Pfeiffersheim
SANGERHAUSEN
Hoher Kopf
Karstwanderweg
Wallhausen
Roßla
109
113

Nachterstedt
Frose
Stiftskirche
XIII/2003
Heimstättenhof
Warmsdorf
Giersleben
ASCHERS-LEBEN
(112)
REINSTEDT
Straße der Romanik
Sankt Stephani
Groß Schierstedt
Klein Schierstedt
SINSLEBEN
Westdorf
ERMSLEBEN
Mehringen
Eine
Drohndorf
FALKENSTEIN/Harz
Konradsburg
ENDORF
Kalkberg
Welbsleben
Wipper
Freckleben
Quenstedt
Arnstedt
NEUPLATENDORF
WIESERODE
Harkerode
Arnstein
Lohberg
SANDERS-LEBEN
Sylda
Pfersdorf
Ulzigerode
Alterode
Wiederstedt
Schwennecke
Walbeck
Stangerode
Willerode
HETTSTEDT
Scheerenberg
Bräunrode
Ritterode
BURGÖRNER ALTDORF
Welfes
Meisberg
Schloss (Mansfeld-Museum)
Friedrichrode
Greifenhagen
Harz Hochstraße
Saurasen
Rödgen
WALD-SIEDLUNG
Siersleben
Biesenrode
Gräfenstuhl
LEIMBACH
Burg
Großörner
Thondorf
Hübitz
Rammelburg
MANSFELD
Vatterode
Schloss
Kohlberg
Piskaborn
Wimmelrode
Klostermansfeld
Möllendorf
Blumerode
Benndorf
Baumrode
Gorenzen
Volkstedt
Siebigerode
Ziegelrode
Helbra
Annarode
LUTHERSTADT EISLEBEN
Ahlsdorf
Pölsfeld
Kreisfeld
Lutherhäuser
(128)
Hergisdorf
Wimmelburg
Obersdorf
Straße der Romanik
Blankenheim
Birkenschäferei
Osterberg
Emseloh
Wolferode
Neckendorf
Klosterode
Riestedt
Schmalzerode
TAUBENBERG
Neuglück
Bischofrode
III/2003
Holdenstedt
Steinberg
Bornstedt
Beyernaumburg
Rosarium
Ahlsdorf
3km
Sittichenbach
Markt
Lieder
Osterhausen
Groß-Osterhausen
Beinschuh
Othal
Rothenschirmbach

MARCO POLO

Für Ihre nächste Reise gibt es folgende Titel:

Deutschland

Allgäu
Amrum/Föhr
Bayerischer Wald
Berlin
Bodensee
Chiemgau/ Berchtesgaden
Dresden
Düsseldorf
Eifel
Erzgebirge/Vogtl.
Franken
Frankfurt
Hamburg
Harz
Heidelberg
Köln
Leipzig
Lüneburger Heide
Mark Brandenburg
Mecklenburgische Seenplatte
Mosel
München
Nordseeküste: Schleswig-Holst.
Oberbayern
Ostfries. Inseln
Ostfriesland: Nordseeküste Niedersachsen
Ostseeküste: Mecklenburg-Vorpommern
Ostseeküste: Schleswig-Holst.
Pfalz
Potsdam
Rügen
Schwarzwald
Spreewald/Lausitz
Stuttgart
Sylt
Thüringen
Usedom
Weimar
Die besten Weine in Deutschland
Die tollsten Musicals in Deutschland

Frankreich

Bretagne
Burgund
Côte d'Azur
Disneyland Paris
Elsass
Frankreich
Frz. Atlantikküste
Korsika
Languedoc-Roussillon
Loire-Tal
Normandie
Paris
Provence

Italien Malta

Capri
Dolomiten
Elba
Emilia-Romagna
Florenz
Gardasee
Golf von Neapel
Ischia
Italien
Italien Nord
Italien Süd
Ital. Adria
Ital. Riviera
Mailand/ Lombardei
Malta
Oberital. Seen
Piemont/Turin
Rom
Sardinien
Sizilien
Südtirol
Toskana
Umbrien
Venedig
Venetien/Friaul

Spanien Portugal

Algarve
Andalusien
Azoren
Barcelona
Costa Blanca
Costa Brava
Costa del Sol/ Granada
Fuerteventura
Gomera/Hierro
Gran Canaria
Ibiza/Formentera
Lanzarote
La Palma
Lissabon
Madeira
Madrid
Mallorca
Menorca
Portugal
Spanien
Teneriffa

Nordeuropa

Bornholm
Dänemark
Finnland
Island
Kopenhagen
Norwegen
Schweden

Osteuropa

Baltikum
Budapest
Königsberg/ Ostpreußen Nord
Masurische Seen
Moskau
Plattensee
Polen
Prag
Riesengebirge
Rumänien
Russland
St. Petersburg
Slowakei
Tschechien
Ungarn

Österreich Schweiz

Berner Oberland/ Bern
Kärnten
Österreich
Salzburg/ Salzkammergut
Schweiz
Tessin
Tirol
Wien
Zürich

Westeuropa und Benelux

Amsterdam
Brüssel
England
Flandern
Irland
Kanalinseln
London
Luxemburg
Niederländ. Küste
Niederlande
Schottland
Südengland
Wales

Südosteuropa

Athen
Bulgarien
Chalkidiki
Griechenland Festland
Griechische Inseln/Ägäis
Ionische Inseln
Istrien/Kvarner
Istanbul
Korfu
Kos
Kreta
Kroatische Küste
Peloponnes
Rhodos
Samos
Türkei
Türkische Mittelmeerküste
Zypern

Nordamerika

Alaska
Chicago und die Großen Seen
Florida
Hawaii
Kalifornien
Kanada
Kanada Ost
Kanada West
Los Angeles
New York
Rocky Mountains
San Francisco
USA
USA Neuengland
USA Ost
USA Südstaaten
USA Südwest
USA West
Washington, D.C.

Mittel- und Südamerika Antarktis

Antarktis
Argentinien/ Buenos Aires
Bahamas
Barbados
Brasilien/ Rio de Janeiro
Chile
Costa Rica
Dominikanische Republik
Ecuador/ Galapagos
Jamaika
Karibik I
Karibik II
Kuba
Mexiko
Peru/Bolivien
Südamerika
Venezuela
Yucatán

Afrika Vorderer Orient

Ägypten
Dubai/Emirate/ Oman
Israel
Jemen
Jerusalem
Jordanien
Kenia
Libanon
Marokko
Namibia
Südafrika
Syrien
Türkei
Türkische Mittelmeerküste
Tunesien

Asien

Bali/Lombok
Bangkok
China
Hongkong
Indien
Japan
Ko Samui/ Ko Phangan
Malaysia
Nepal
Peking
Philippinen
Phuket
Singapur
Sri Lanka
Taiwan
Thailand
Tokio
Vietnam

Indischer Ozean Pazifik

Australien
Hawaii
Malediven
Mauritius
Neuseeland
Seychellen
Südsee

Sprachführer

Arabisch
Englisch
Französisch
Griechisch
Italienisch
Kroatisch
Niederländisch
Norwegisch
Polnisch
Portugiesisch
Russisch
Schwedisch
Spanisch
Tschechisch
Türkisch
Ungarisch

In diesem Register sind alle in diesem Führer erwähnten Orte und Ausflugsziele verzeichnet. Halbfette Seitenzahlen verweisen auf den Haupteintrag, kursive auf ein Foto.

Schreiben Sie uns!

Liebe Leserin, lieber Leser,

wir setzen alles daran, Ihnen möglichst aktuelle Informationen mit auf die Reise zu geben. Dennoch schleichen sich manchmal Fehler ein – trotz gründlicher Recherche unserer Autoren/innen. Sie haben sicherlich Verständnis, dass der Verlag dafür keine Haftung übernehmen kann. Wir freuen uns aber, wenn Sie uns schreiben.

Senden Sie Ihre Post an die MARCO POLO Redaktion,
Mairs Geographischer Verlag, Postfach 31 51, 73751 Ostfildern,
marcopolo@mairs.de

Impressum

Titelbild: Rabenklippe bei Bad Harzburg (Huber: Gräfenhain)
Fotos: J. Fischer (43); R. Freyer (1, 2 u., 5 r., 7, 9, 11, 20, 22, 28, 33, 59, 66, 67, 70, 86, 88, 98); HB Verlag: W. Spitta (U. l., U. M., U. r., 4, 12, 17, 18, 21, 24, 25, 26, 44, 46, 50, 53, 55, 84, 90, 94, 97); Huber: Damm (15), Gräfenhain (61, 103); G. Jung (5 l., 27, 39); laif: Daams (34, 37, 41); Mauritius: Kiene (54); PhotoPress: Günther (93), Krawulsky (82), Rose (2 o., 6), Schlierbach (64, 78, 89); Schapowalow: Ambild (80); A. Sperber (68); W. Spitta (77); Transglobe: Krecichwost (72)

7., aktualisierte Auflage 2003 © Mairs Geographischer Verlag, Ostfildern
Herausgeber: Ferdinand Ranft, Chefredakteurin: Marion Zorn
Redaktion: Arnd M. Schuppius, Bildredaktion: Gabriele Forst (Leitung), Katrin Schäflein
Kartografie Reiseatlas: © Mairs Geographischer Verlag/Falk Verlag, Ostfildern
Gestaltung: red.sign, Stuttgart

Printed in Germany. Gedruckt auf 100% chlorfrei gebleichtem Papier

Bloß nicht!

An Feiertagen sollten Sie keine Idyllen erwarten

Rauchen und Feuer machen
Die sonst so freundlichen Förster und Nationalpark-Ranger werden dann ganz amtlich. Nach langen Trockenperioden besonders im Frühling und Sommer reicht meist nur der sprichwörtliche Funken, um Wälder und Trockenrasenflächen in Brand zu setzen. Heißer Auspuff und Kat haben unter Autos schon oft trockenes Gras, Laub und Nadelstreu entzündet.

Aus der Spur im Winter
Viele Tiere überleben den Winter nicht, weil ihre Winterruhe von Wanderern und Skiläufern gestört wird, die von den gespurten Wegen und Loipen weg in die unberührte Natur eindringen. Mit jeder Flucht verbrauchen sie Energien, die bei dem kargen Futterangebot nicht wieder ersetzt werden können.

Mit hundert in die Kurve
Bei schönem Wetter dröhnt der Oberharz, wenn die Motorradler durch die Kurven der Harzstraßen schwingen. Für viele ist der Ritt durch den Harz zur Reise ohne Wiederkehr geworden. Hauptursache für die Unfälle ist zu schnelles Fahren.

Durchs Moor stapfen
Es ist verboten, zerstört diesen empfindlichen Lebensraum von Tieren und Pflanzen, die vielfach auf den roten Listen stehen. Und es kann lebensgefährlich sein.

An Feiertagen fahren
Bei schönem Wetter und idealen Schneeverhältnissen ist der Harz an Wochenenden und Feiertagen hoffnungslos überlaufen. Vor allem da, wo es sich immer drängelt, wie Brocken und Brockenbahn, Wurmberg, Schierke, Torfhaus, Königskrug, Hexentanzplatz, Rosstrappe, Josephskreuz, Kyffhäuser … Wenn Ihre Harzreise an solchen Tagen sein soll, fahren Sie lieber mit Bus und Bahn. Und bestellen Sie Ihr Quartier vorher.

Ohne Winterreifen
Auch wenn die Hauptstraßen längst geräumt sind, können Nebenstraßen mit festgefahrenem, oft spiegelglatt vereistem Schnee bedeckt sein. Die weiße Jahreszeit beginnt im Oberharz im November und dauert bis in den April hinein.

Knauserig sein
Eintritt und Führungen in Kirchen, Klöster, Heimatstuben und Museen sind oft gratis. Ein Dankeschön in Gestalt einer Spende für Erhaltung und Unterhalt gehört sich einfach.

In Nationalparks querfeldein
Es gilt striktes Wegegebot. Hunde nur an der Leine. Die Ranger dürfen Ordnungsstrafen verhängen.